KB121055

서울보다 수익성 좋은
지방 아파트
투자 시크릿

지방 아파트 투자지도

주손생(주용한) 지음

"공급절벽 위기 지방 아파트, 이제 상승만 남았다"

최소 투자금으로 최대 이익을 노려라
가성비 좋고 경쟁력 있는 지방 부동산 대해부

일여일북

대한민국의 돈은
어디로 몰릴 것인가?

필자는 2018년 연말부터 현재까지 '재테크 읽는 주슨생'이라는 이름으로 유튜브 채널을 운영하고 있다. 그간의 투자 경험과 노하우, 나름의 철칙을 대중과 공유하기 위해서다. 매일 라이브 방송을 하면서 의외로 많은 사람이 별다른 공부와 준비 없이 오피스텔, 생활형숙박시설, 지식산업센터, 모아타운 등 유행을 쫓아 투자를 한다는 사실을 알게 되었다. 적게는 수천만 원에서 많게는 수억 수십억 원이 투입되는 투자임에도 불나방처럼 유행을 좇는다. "취득세 중과를 피해서 비주택 상품을 매수했는데 자꾸 가격이 떨어집니다. 이제 어떻게 해야 할까요?" 하는 질문을 방송에서 실제로 자주 듣는다.

주변을 둘러보면 대출 규제, 취득세 중과 등 여러 규제를 피하기 위해 인위적으로 만든 부동산 상품에 속아넘어가는 개인 투자자가 참 많다. 규제가 촘촘해질수록 서로를 속고 속이는 프로들이 틈새시장에 개입한다. 투자에서 '돈을 잃지 않는 것'이 가장 중요하다는 사실에는 이견이 없을 것이다. 문제는 많은 개인 투자자가 별다른 준비 없이 남들은 선호하지 않는 투자상품을 선택하고 극히 낮은 확률에 기대 성공을 추구한다는 데 있다. 주변에서 칭송을 받고 싶어 하는 영웅심리 때문일까? 대단히 위험한 행동임을 알아야 한다.

필자는 초보일수록 아파트 위주로 투자하는 것이 안전하다고 본다. 아니, 아파트만 투자해야 한다.

"투자상품은 대중적일지라도 투자 시기는 절대 대중적이어선 안 된다."

필자가 금과옥조처럼 가슴에 새긴 말이다.

대중적인 투자상품을 선택해야만 가격의 적정 여부를 쉽게 알 수 있으며 추후 익절 또는 손절하기 쉽기 때문이다. 그러나 투자 시기만큼은 대중적이어선 안 된다. 남과 똑같이 진입하면 손해를 보기 십상이다. 갭투자 증가세에 따라 전세 매물도 비례해 증가하는 등 여러 고초를 겪을 수 있으며, 추후 빠져나올 때도 엑시트 전략 실행이 어려울 수 있다. 제때 잘 빠져나오면 다행이지 매도 타이밍을 놓치고 하락장을 맞이하면 상급지 진입이라는 기회비용을 상실하는 등 큰 손실이 발생할 수 있다.

그럼 향후 대한민국의 돈은 어디로 몰릴까? 부동산 시장의 돈은 절대적으로, 상대적으로 저렴한 곳으로 몰릴 것이다. 특히 입주물량에 민감한 대도시 지역을 눈여겨봐야 한다. 2020년 0.5%에 달했던 기준금리는 2024년 7월 기준 3.5%로 7배 치솟았다. 부동산 임대수익률보다 예적금 금리가 높아지자 사람들은 은행에 돈을 보관하기 시작했고, 부동산으로 흘러들어가던 돈이 점점 감소하면서 2022년 초를 기점으로 대세 하락장이 시작되었다. 그러나 부동산은 사용가치가 있는 실물자산이다. 흐름이 꺾여도 가격이 지하실까지 내려가지는 않는다. 부동산 하락기에 접어들면 사람들의 거주 수요가 매매 대신 전월세로 이동하므로 매매가는 정체하나 임대 수요 증가로 전월세 가격은 오히려 상승한다.

부동산 투자자로서 투자 적정성을 판단하는 방법은 크게 두 가지다. 첫째, 매매가가 타지역 대비 얼마나 저렴한지 절대적인 가격에 집중한다. 둘째, 매매가에서 전세가를 뺀 갭을 지역 간 비교해 상대적인 가격을 분석한다. 결국 투자자는 매매가가 저렴하고 투자금은 적게 들어가는 지역을 선호하기 마련이다. 매매가 횡보하고 있을 때 전월세 가격이 상승하고 있거나 상승할 곳에 돈이 몰릴 확률이 높다는 뜻이다.

수도권을 제외한 지방 대도시의 경우 신축 입주물량이 감소하면 전세가 상승하고 매매가 자극을 받아 뒤따라 움직이는 현상이 역사적으로 반복되었다. 지역별로 입주물량이 집중되는 시기는 매우 제한적이며, 단기간에 미분양이 대거 늘어나도 입주물량은 결국 언젠가는 소진되기 때문에 발 빠른 투자자는 이미 2023년 초부터 매수에 들어갔을 것이다. 시장의 분위기가 어두울 때 진입하면 높은 기대수익률을 노릴 수 있기 때문이다.

이 책에는 수년간의 실전 경험을 통해 터득한 인생을 통제할 수 있는 힘, 즉 부동산 투자에 대한 철학이 담겨 있다. 그 철학의 핵심은 서울 부동산과 지방 부동산의 사이클은 서로 다르다는 것이다. 3기 신도시, GTX 등 주요 국책사업이 수도권에 집중되면서 수도권과 지방의 양극화는 더욱 벌어지고 있고 이러한 큰 흐름은 앞으로도 변함이 없을 것이다.

하지만 여전히 약 2,800만 명의 인구가 비수도권에 거주하고 있다. 이 점을 잘 기억해둬야 한다. 과거 2008년 글로벌 금융위기 직후를 떠올려보라. 수도권이 잠들어 있는 동안 대구, 부산, 울산 등 지방 대도시는 반복적인 상승과 하락을 겪었다. 돈은 무조건적으로 한 방향으로만 흘러가지 않는다.

다른 전문가의 책과 달리 이 책은 단순히 데이터에만 의존하지 않는다. 물건의 상품성에 대한 일차원적인 분석은 데이터로도 충분하나, 부동산 투자는 시장참여자들의 심리를 분석하는 인문학적인 소양과 냉철한 판단력이 필요하다.

이 책을 통해 부디 많은 사람이 먼저 서울만이 정답이라는 기존의 틀을 깼으면 하는 바람이다. 지방 부동산 투자를 통해 착실히 자산을 형성한다면 언젠가는 찾아올 수도권 상승 사이클에 편승할 수 있을 것이다. 박지성과 손흥민 선수도 곧바로 프리미어리그에 입성한 것은 아니다. 네덜란드 리그와 독일 리그를 거치면서 탄탄히 성장했기에 영국에서도 통할 수 있었던 것이다.

끝으로 이 책을 통해 필자의 방식을 무작정 따라 하기보다는 필자의 생각을 이해하고 흡수해서 자신의 것으로 만드는 데 집중하기 바란다. 이 책의 내용을 내 것으로 만들고 목표를 향해 한

걸음씩 정진하라. 여러분이 경제적 자유를 이룰 만한 자산을 형성하리라고, 목표에 도달할 수 있으리라고 믿어 의심치 않는다. 건투를 빈다.

주슨생(주용한)

차례

서문_대한민국의 돈은 어디로 몰릴 것인가?   4

 1부 서울만 정답인 것은 아니다

1장 ─ 시장은 왜 예상한 대로 움직이지 않는가?   16

정책은 시장을 이길 수 없다   17

수도권 시장이 전체를 대변할 수 없다   27

2장 ─ 지방 부동산에서 답을 찾다   34

퇴직 후 미래가 불투명하다면   35

첫 투자, 첫 성공 그리고 숨겨진 이면   39

투자는 결국 수익률로 말한다   45

2부 지역별 입지분석 및 투자 포인트

1장 — 부산: 경상권 부동산의 척도   52
제2의 도시, 부산광역시   53
핵심 지역 분석하기   60
주목해야 할 3개 지역   71

2장 — 대구: 새롭게 변모하다   80
정비사업으로 바쁜 대구광역시   81
핵심 지역 분석하기   89
주목해야 할 3개 지역   105

3장 — 울산: 대한민국 산업수도   116
고소득자가 많은 울산광역시   117
핵심 지역 분석하기   126
주목해야 할 3개 지역   139

4장 — 대전: 충청권의 핵심 지역   150
세종시, 청주시와 함께 보는 대전광역시   151
핵심 지역 분석하기   160
주목해야 할 3개 지역   172

5장 — 광주: 수요가 밀집된 광역시   182

광역시 중 상승기간이 가장 길었던 광주광역시   183

핵심 지역 분석하기   189

주목해야 할 3개 지역   203

6장 — 청주·세종·창원: 광역시만큼 강하다   214

투자의 메카, 청주시   215

행정수도 세종특별자치시   222

제2의 공업도시, 창원시   229

3부   지방 아파트 투자 길라잡이

1장 — 지방 아파트도 옥석은 있다   240

부동산 투자에서 중요한 것   241

좋아질 것, 좋아질 곳   249

자본금은 얼마나 필요할까?   255

2장 ─ 부동산 투자의 오해와 진실   260

청약 당첨을 계속 노리는 것이 맞을까?   261

수익형 부동산의 함정   265

재개발·재건축이 항상 정답일까?   270

부동산 경매로 돈 벌기 쉬울까?   274

공인중개사 자격증이 도움이 될까?   279

신축 투자가 꼭 정답일까?   284

단독명의와 공동명의   288

종문_인생을 어떻게 설계할 것인가?   292

서울만
정답인 것은
아니다

1장 - 시장은 왜 예상한 대로 움직이지 않는가?

2장 - 지방 부동산에서 답을 찾다

1장

시장은 왜 예상한 대로
움직이지 않는가?

정책은 시장을 이길 수 없다

"부동산 가격을 잡아주면 피자 한 판씩 쏘겠습니다."

2017년 7월, 임기가 막 시작된 문재인 대통령이 경제부처 각료들에게 한 말이다. 대통령 취임 후 부동산 안정화를 위해 6·19 대책을 서둘러 발표했음에도 불구하고 집값은 정부를 비웃듯 폭등을 거듭했다. 당시 강남4구, 마포 등 핵심 지역의 아파트 값은 3개월 만에 2억~3억 원은 우습게 올랐고, 매물이 나오는 족족 소

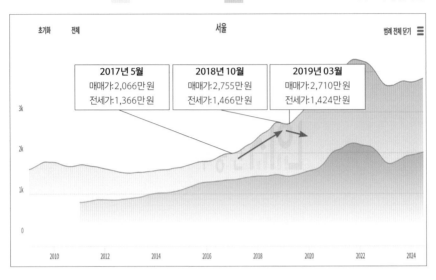

서울 부동산 매매가 ▮ 서울 부동산 전세가 (자료: 부동산지인)

2017년 5월	**2018년 10월**	**2019년 03월**
매매가: 2,066만 원	매매가: 2,755만 원	매매가: 2,710만 원
전세가: 1,366만 원	전세가: 1,466만 원	전세가: 1,424만 원

진되고 있다는 뉴스가 언론을 도배했다. 수십 번의 부동산 대책이 나왔음에도 서울 집값은 고공행진을 기록했다. 이때는 사람이 모였다 하면 부동산을 주제로 열띤 토론을 벌이곤 했다. 그러나 3년간 쉼 없이 상승하며 시장에 피로감이 쌓였던 걸까? 2019년 9,510세대의 헬리오시티를 포함한 약 5만 2천 세대의 입주물량 공급을 앞두고 2018년 연말부터 2019년 상반기까지 조정장이 펼쳐진다.

2019년 새해에 들어서면서 정부는 집값을 잡았다고 안심한

듯하다. 정부는 종부세 인상, 대출 규제 강화, 다주택자 규제 등 2018년 9·13 대책으로 시장을 압박했고, 그해 연말 3기 신도시를 발표하며 수급 불균형에 따른 시장의 불안까지 해소되고 있다 판단했다. 승리의 샴페인을 일찌감치 터트린 것이다.

다음은 2019년 1월 1일 〈뉴스1〉 기사다.

국회와 정부 관계자에 따르면 과세·금융·다주택규제를 중점으로 한 범정부 차원의 부동산 정책은 시장과의 치열한 접전 끝에 '집값 안정'이란 성과를 거둔 것으로 보인다. (…) 국토부는 올해부터 지방의 규제를 점진적으로 완화하되 구도심 등 침체지역의 활성화를 본격 추진하는 도시재생 뉴딜정책으로 풀겠다는 전략을 추진한다.

서울에서 상승장의 달콤한 맛을 본 투자자들은 아직 덜 오른 수도권과 지방으로 눈을 돌렸다. 이들의 심리는 매우 단순했다. '서울이 저만치 올랐으니 지방도 따라갈 수밖에 없다.' '총선이 있으니 규제로 계속 묶을 수는 없다.' 이미 서울 집값의 위상은 사람들의 사고를 마비시키기에 충분했다. 전세가율이 높은 지방 부동산은 갭투자가 용이했기에 투자자가 유입되기 안성맞춤인 상황이었다.

2020년 총선 1년 전이기도 한 이 시기에 국토부는 지방 부동산 규제 완화를 점진적으로 계획하겠다고 발표했다. 정부와 부동산 투자자 간 동상이몽이 펼쳐진 대표적인 사례이지 않나 싶다.

정책과 시장의
동상이몽

서울 집값의 기세가 수개월간 꺾였음에도 부동산 상승론은 여전했다. '부동산은 오늘이 제일 싸다.' '어차피 통화량은 계속 증가하기 때문에 화폐 가치는 떨어진다.' '인플레이션 헤지 수단으로 부동산을 사야 한다.' 등 시장참여자의 심리는 꺾이지 않았고 시장의 불꽃은 살아 있었다. 기준금리가 1% 전후였기에 유동성은 충분했다. 언제라도 불이 쉽게 옮겨 붙을 수 있도록 전국 도처에 기름이 흐르고 있는 격이나 마찬가지였다.

결국 전국적인 투자세 유입으로 지방 부동산 시장에도 상승 에너지가 누적되었다. 설상가상 부동산 상승 불씨와 함께 2020년 코로나19 사태로 기준금리가 0.5%까지 하락하면서 한국뿐만 아니라 전 세계가 사상 초유의 유동성 시대로 접어든다. 튀어 오른

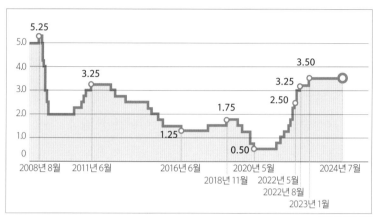

자료: 한국은행

불꽃이 기름으로 옮겨 붙으며 전국적인 불장의 시작을 알렸다.

부동산 시장은 돈을 벌고 싶어 하는 인간의 심리에 의해서 움직인다. 상승기는 그 누가 어떤 정책을 펼치더라도 막을 수 없다고 봐야 한다. 시장참여자가 가격을 계속 받아주는 한 거래량이 지속적으로 늘고 더불어 매매가도 올라가기 때문이다. 이때는 아무리 신축 공급을 늘려도 '공급 부족'이라는 단어가 언론에서 계속 나오게 된다. 공급량은 상대적인 개념이다. 절대적인 공급이 많아도 집값은 오를 수 있고, 공급이 적어도 집값은 떨어질 수 있다. 즉 공급량은 시기에 따라서 다르게 작용할 수 있어 절대성보다는 상대성적인 측면에서 바라봐야 한다.

또한 부동산 경기가 좋아질수록 토지를 비싸게 매입해 건물을 올리는 건설사가 늘어나기 때문에 토지 가격도 천정부지 치솟는다. 꼬마빌딩, 상가주택 등 비주거용 부동산 가격 역시 상승하고 여기서 나온 수익금이 다시 주택 시장으로 흘러가는 순환구조를 이룬다. 상승세는 더욱 큰 활황장으로 이어진다. 결국 지난 정권에서 예상한 것과 달리 부동산 시장의 흐름은 매우 철저하게 어긋났다.

> 사상 초유의 금융권 가계대출 중단이 점차 현실로 다가오고 있다. 주택담보대출을 중단한 NH농협은행에 이어 상호금융인 수협도 신규 가계대출 취급을 전면 중단했다. 국내 예금취급기관 전체 가계대출 가운데 절반 가까이를 담당하고 있는 4대 은행 역시 증가율 목표치가 목전에 다다르며 대출 '봉쇄(shutdown)'를 피할 수 있을지 미지수다.

〈헤럴드경제〉 2021년 10월 7일 기사다.

수십 번의 부동산 대책을 쏟아내도 부동산 시장의 상승세가 꺾이지 않자 2021년 하반기 임기를 반 년 남기고 정부는 마지막 히든카드인 '금융권 가계대출 중단'을 꺼내든다. 전국에서 아파트

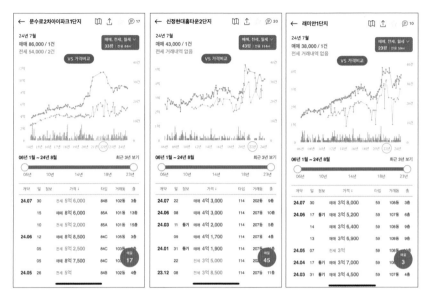

울산광역시 주요 아파트 매매가, 전세가 추이. 2022년부터 시작된 대세 하락을 대부분의 전문가는 예상하지 못했다. (자료: 아실)

중도금과 잔금에 대한 집단대출을 중단하면서 매수심리를 꺾었다. 집값 상승의 최대 공헌자인 주택담보대출을 대상으로 단순 한도 제한이 아닌 봉쇄 조치를 취한 것이다. 이 규제가 2022년부터 시작된 대세 하락의 전초였음을 대부분의 전문가는 예상하지 못했다.

상승을 이야기하면 대중이 열렬히 환호하던 시기가 있었다. 전문가들은 입을 모아 "지금의 하락은 가짜다." "2022년에도 입주

물량이 적어 서울 집값은 하락할 이유가 없다." 하는 이야기를 꺼
냈다. 훗날 대중의 심리 변화를 읽지 못한 이러한 전문가, 유튜버
는 결국 사과문을 올리거나 매체에서 홀연히 자취를 감췄다.

부동산 시장은 거대한 항공모함과 같기 때문에 한 번 방향을
설정하면 한동안은 상승 또는 하락으로 흘러가기 마련이다. 시장
자체가 묵직하기 때문에 미세한 변동에 따른 영향은 크지 않다.

"2022년 8월부터 계약갱신청구권이 종료되기 때문에 전세 대란이 일어
나고 매매가가 폭등한다."

2022년 상반기 내내 일부 부동산 전문가가 주장하던 바다. 물
론 전세계약 기간이 끝난 사람들이 모두 시세 수준으로 재계약을
해 그대로 거주하기를 선택한다면 시중에 전세 매물이 사라질 것
이고 매매가를 자극했을 것이다. 그러나 전세금 차이만큼 반전세
로 전환하면서 그대로 살거나 다른 곳으로 이사해 전세 매물을
시장에 내놓을 수도 있다. 거주 수요가 분산될 수 있는 것이다.

평범한 소시민에게 전세금은 전 재산이나 마찬가지이기 때문
에 당연히 본인에게 유리한 방향대로 움직일 수밖에 없다. 부동산
시장은 개인이 참여하는 개인 간의 시장이다. 인간의 심리를 배제

삼성전자 주가, 거래량 추이. 거래량이 터진 시점은 가격이 비쌀 때였다. (자료: 트레이딩뷰)

하고 경제지표, 통화량, 매물의 수 등과 같은 지표만 갖고 이해하고 예측하는 것은 굉장히 위험하다. 그만큼 복잡다단한 것이 부동산 시장이다.

사람들이 집을 사는 본질적인 이유는 무엇일까? 필자가 유튜브에서 자주 질문하는 말이다. 사람들이 집을 사는 본질적인 이유는 바로 집값이 오르고 있기 때문이다. 부동산은 이미 하나의 투자상품이기 때문에 가격이 오르지 않으면 대중도 관심을 주지 않는다. 가격이 오르고 있어야 대중의 관심도 증가한다는 의미다. 반대로 관심이 낮아지면 가격도 꺾일 확률이 높다. 과거 삼성전자

주식이 상승하며 언론에서 연일 '10만 전자'를 언급하자 비로소 삼성전자 주식에 관심을 갖는 사람이 폭증했던 사례를 떠올리면 이해가 쉬울 듯하다.

　이렇게 정부와 전문가도 예측이 틀리는 곳이 바로 부동산 시장이다. 하지만 부동산을 대하는 인간의 심리를 이해한다면 그래도 승률을 높일 수 있다고 생각한다. 수도권은 매매가가 크기 때문에 부채의 총량이 크다. 부채의 총량이 크다는 것은 곧 거시경제 변수에 취약하고 정부 정책에 휘둘릴 가능성이 높다는 뜻이다. 수도권 부동산 가격이 비싸고 진입이 어렵다면 절대적으로, 상대적으로 저렴하고 입주물량에 따른 수급 개선 민감도가 큰 지방 부동산에서 답을 찾을 수 있지 않을까? 이것이 지방 부동산 시장에 초점을 두고 부동산을 공부하고 이해해야 하는 이유다.

수도권 시장이 전체를 대변할 수 없다

　수도권 부동산을 매수해야 한다는 생각에는 전적으로 동의한다. 서울에 집 한 채 있다는 것은 매우 자랑스러운 일이며 주위 사람들로부터 부러운 시선을 한몸에 받는 것도 사실이다. 대한민국에서는 사는 지역, 그리고 어떤 주택에 사는지가 매우 중요하다. 아마도 그 사람이 살아온 과정과 결과를 보여주는 척도이기 때문이지 싶다.

　수많은 전문가가 방송에서 집값이 오른다, 내린다 주장하는 전망 역시 99% 수도권을 향해 있다. 예를 들어 어떤 전문가가 방송에서 "2025년 부동산 시장은 상고하저입니다." 하는 표현을 사용했다면, 전국 집값에 대한 전망을 이야기하는 것처럼 보이지만 실질적으로는 수도권에 초점을 둔 전망이다. 지방 부동산을 보유하고 있는 사람 중에는 이러한 전문가의 예측을 자기 지역에 대한 예측으로 오해하는 경우가 더러 있다.

2020년 대세 상승장과 2022년 대세 하락장 시기에는 서울과 지방이 커플링 현상을 보이며 함께 움직였지만 이전에는 별개의 시장으로 움직였다는 것을 기억해야 한다. 역대급 유동성이 공급되었던 시기, 그리고 유동성을 회수하는 시기에는 전국이 동일하게 움직였지만 역사적으로 서울과 지방은 다른 모습을 보였다. 지방은 서울과 달리 입주물량이 감소하면 수급이 개선되는 현상, 즉 전세가가 오르고 매매가가 뒤따라 오르는 경향이 매우 강하다.

2010년 이후 서울과 대구 아파트 평당가를 알아보자. 2008년 글로벌 금융위기 이후 서울은 2010년 1월 평당 1,770만 원 고점을 찍고 2013년 1월 평당 1,506만 원까지 하락했다가 2015년 9월이 되어서야 1,774만 원으로 전고점을 회복했다. 서울은 2008년부터 2013년까지 하락기였으며 2013년부터 2015년 중반까지 전고점을 회복하는 회복기였다. 반면 대구는 동일 기간 평당가가

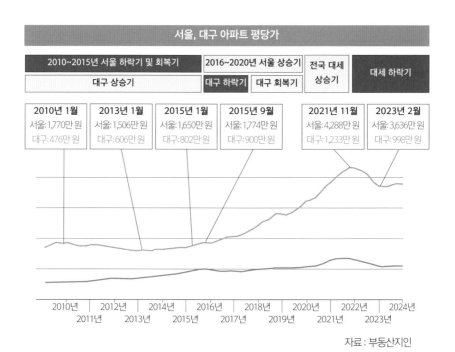

서울, 대구 아파트 평당가					
2010~2015년 서울 하락기 및 회복기		2016~2020년 서울 상승기		전국 대세 상승기	대세 하락기
대구 상승기		대구 하락기	대구 회복기		

2010년 1월	2013년 1월	2015년 1월	2015년 9월	2021년 11월	2023년 2월
서울:1,770만 원	서울:1,506만 원	서울:1,650만 원	서울:1,774만 원	서울:4,288만 원	서울:3,636만 원
대구:476만 원	대구:606만 원	대구:802만 원	대구:900만 원	대구:1,233만 원	대구:998만 원

2010년 2012년 2014년 2016년 2018년 2020년 2022년 2024년
2011년 2013년 2015년 2017년 2019년 2021년 2023년

자료 : 부동산지인

476만 원에서 900만 원으로 상승했다. 서울이 하락 후 본전까지 회복하는 기간이었다면 대구는 상승장에 본격적으로 접어들었음을 알 수 있다.

이번에는 지역 평균이 아닌 주요 대장 아파트 가격을 비교해보자. 서울 강남4구의 주요 아파트 중 하나인 5,563세대 잠실리센츠 48평 타입과 대구 수성구 범어동에 위치한 1,494세대 두산위브더제니스 49평 타입의 매매가 변동을 비교해보자. 2010년

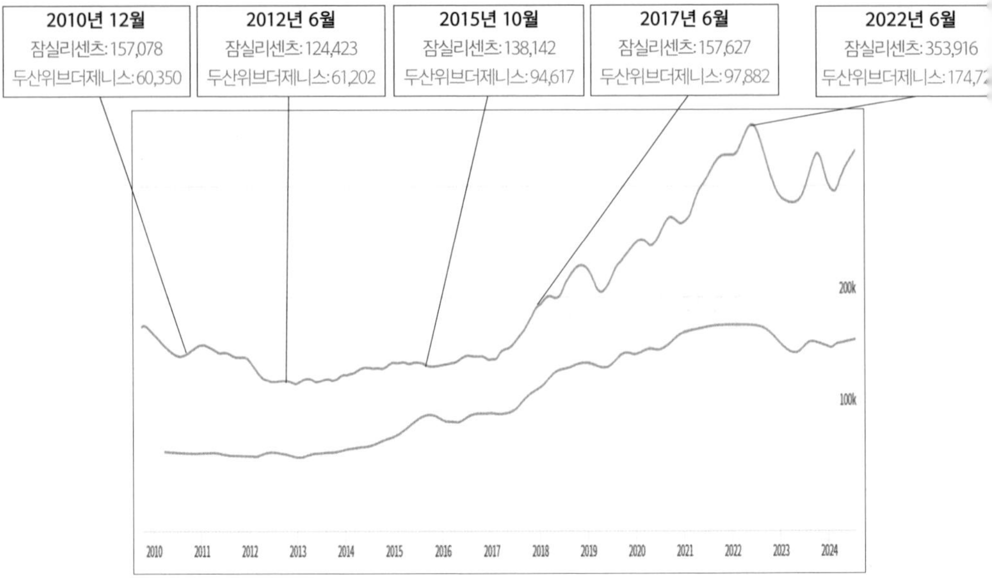
2010년 12월
잠실리센츠: 157,078
두산위브더제니스: 60,350
2012년 6월
잠실리센츠: 124,423
두산위브더제니스: 61,202
2015년 10월
잠실리센츠: 138,142
두산위브더제니스: 94,617
2017년 6월
잠실리센츠: 157,627
두산위브더제니스: 97,882
2022년 6월
잠실리센츠: 353,916
200k
100k
2010
2011
2012
2013
2014
2015
2016
2017
2018
2019
2020
2021
2022
2023
2024

잠실리센츠, 범어동 두산위브더제니스 매매가 추이 (자료: 부동산지인)

—— 잠실리센츠 (48평, 730세대)
—— 두산위브더제니스 (49평, 200세대)

12월~2015년 10월 대구 두산위브더제니스가 약 57%(6억 원 →9.4억 원) 상승할 때 서울 잠실리센츠는 약 12%(15.7억 원→ 13.8억 원) 하락했다.

즉 과거 서울이 잠들어 있던 시기에는 대구로 유동성이 집중되면서 지역 간 서로 다른 양상을 보인 바 있다. 이처럼 서울과 지방 부동산의 사이클은 서로 다르게 흘렀으며 투자자인 우리가 주목해야 할 부분은 시장 간 차이가 벌어지는 바로 이 틈새다.

아파트 매매가격 변동률

(단위: %) ── 서울 ── 수도권 ── 5대광역시

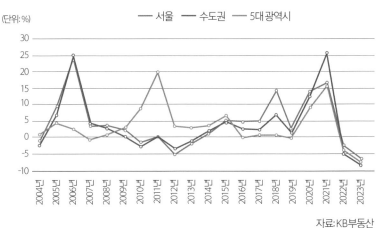

자료: KB부동산

　과거 아파트 매매가격 변동률을 보면 서울만 크게 오르거나, 지방만 크게 오르거나, 전국이 동시에 올랐던 적도 있다. 개인적으로 이처럼 지역 간 집값 등락의 양상이 다른 이유는 돈의 속성에 있다고 본다. 돈은 소위 '돈 되는 곳'으로 흘러간다. 돈이 안 되는 곳은 당연히 돈이 빠져나간다.

　부동산 시장에서 돈이 어디로 흐르는지 냄새를 가장 잘 맡는 것은 아마도 건설사일 것이다. 돈 되는 곳에 아파트를 많이 짓다 보니 공급이 늘게 되고, 특정 시점에 입주물량이 쏠리면서 집값은 약세로 전환한다. 집값이 약세를 보이며 건설사의 공급량이 줄어들면 또 언젠가는 공급 부족으로 집값은 강세로 전환한다. 이런 현상은 늘 반복되어 왔다.

물론 투자자 입장에서는 건설사를 쫓아 투자하는 것은 위험한 행동일 수 있다. 건설사는 분양 성공이 주목적이기 때문에 상승 초입이든, 상승 정점이든, 하락 중이든 분양만 잘되면 그만이다. 건설사는 분양만 성공하면 돈을 벌고 나가는 구조인 반면, 투자자는 세금 문제로 매수하고 2년 동안은 팔기 어렵기 때문에 지금 당장이 아닌 2년 뒤의 시장을 예측해야 한다. 건설사 뒤를 따라가기보단 건설사가 앞으로 들어올 만한 유망한 지역에 미리 들어가는, 즉 선진입 투자야말로 유효한 방식이다.

서울과 지방의
사이클은 다르다

"서울이 오르고 나면 지방도 따라 오른다." "아니다, 지방 부동산이 서울 부동산 턱밑까지 추격하면 서울이 비로소 상승한다." 이렇게 닭이 먼저인지, 알이 먼저인지 모르겠는 논란도 있다. 그런데 그런 논란은 중요하지 않다. 결국 두 가지 주장 모두 서울과 지방은 사이클이 다르다는 점을 시사하기 때문이다.

2008년 글로벌 금융위기가 터지면서 경제 상황이 악화되었다. 그 영향으로 서울 부동산은 하락했고 강남불패 신화도 깨진 바 있다. 서울 집값이 대한민국을 대표한다면 지방도 떨어져야 한다. 하지만 지방은 오히려 상승하는 기이한 현상이 발생했다. 경험으로 비추어 봤을 때 서울이 하락하면 지방도 하락한다는 논리는 맞지 않으며, 서울이 오르지 않으면 지방도 오르지 못한다는 논리도 맞지 않다. 더불어 서울이 오르면 지방도 오르는 '1+1' 식의 공식도 항상 들어맞는 것은 아니다.

지역마다 입주물량에 차이가 있기 때문에 가격의 오르내림은 시차가 발생하기 마련이다. 시차의 크고 작음을 예측하는 것이 우리가 할 일이다. 서울이 상승기에 접어들면 서울 갭투자에 대한 투자금 부담이 커지기 때문에 투자자들은 서울과 가까운 지방 대도시로 눈을 돌린다. 뒤에서 자세히 다루겠지만 대표적인 도시가 바로 부산광역시, 대구광역시, 울산광역시, 대전광역시, 광주광역시, 세종특별자치시 등이다. 서울은 지방 부동산과 함께 움직일 수도 있고, 그렇지 않을 수도 있다. 서울이 대한민국 부동산 시장 전체를 대변한다고 보는 시각부터 바꿔야 한다.

2장

지방 부동산에서
답을 찾다

퇴직 후 미래가 불투명하다면

퇴사는 선택이 아닌
정해진 방향

  회사의 소유주가 아닌 이상 직장인이라면 언젠가는 퇴사를 해야 한다. 퇴사는 선택이 아니라 이미 정해진 절대적인 방향임에도 많은 직장인이 먼 미래의 일이라 단정 짓고 투자를 소극적으로 하는 경향이 크다. 투자는 두 가지가 관건이다. 바로 절대적인 시간의 투입과 레버리지 활용이다. 이 두 가지의 결합을 통해 나온 결과물이 바로 수익이다. 공부도 때가 중요하듯이 투자도 시기가 매우 중요하다. 물론 나이가 들었다 해서 하지 못하는 것은 아니다. 공격적인 면모보다 방어적인 측면을 강화해야 할 뿐 투자를 지속해야 한다는 사실에는 변함이 없다.

아무리 고소득 직장에 다니고 있다 해도 은퇴에 대한 막연한 불안감은 있기 마련이다. 직장에서 나와 고정된 수입이 사라진다면 어떻게 될까? 내가 지금까지 번 돈을 까먹으며 살아야 하는데 이를 용납할 수 있는 사람이 과연 몇이나 될까? 미리부터 은퇴를 대비해야 한다는 사실은 알지만 직장에 매여 있다는 핑계로, 바쁘다는 핑계로 투자와 부업을 미루는 것이 대다수의 행보다. 안정된 현재를 추구한다는 것은 곧 변화를 꾀하지 않고 직장에만 충실하겠다는 것과 같다. 퇴직 후에도 1~2년 계약직으로 남아 직장에 최대한 오래 붙어 있으려고 노력한다. 그러한 헌신과 노력을 폄하하는 것은 아니지만 정년을 조금 늘린다 해서 그것이 100세 시대의 궁극적인 해결책이 될 수는 없다.

퇴직 후 미래가 불투명하다고 느끼는 이유는 급여 외 소득을 벌어본 경험이 없기 때문이다. 모은 자산이 많아도 고정적인 현금흐름이 없다면 종부세, 재산세, 건보료 앞에서 작아질 수밖에 없다. 자산이 적다면 자산의 성장을 최우선 과제로 선정해야 하고, 자산은 많지만 현금흐름이 거의 없다면 임대사업에 뛰어드는 등 포트폴리오 다변화를 위해 노력해야 한다. 결국 이러나저러나 투자를 통해 일정 규모 이상의 자산을 형성해야지만 내가 선택할 수 있는 옵션이 늘어난다는 의미다.

투자에는 여러 수단이 있지만 가급적 직장과 일상에 영향을 주지 않고 안정적으로 자산 성장에 기여할 수 있는 수단이 좋다. 그 중 으뜸이 부동산 투자라고 생각한다. 평일에는 네이버페이부동산, 호갱노노, 부동산지인, 아실 등에서 손품을 팔아 정보를 얻고 주말에는 임장으로 발품을 팔아 정보의 신뢰도와 타당성을 판단한다. 이렇게 손품과 발품을 팔아 만든 소중한 정보는 임장노트나 SNS에 기록으로 남겨야 한다. 판단의 근거를 글과 말로 표현할 수 있어야만 내 자신은 물론 배우자나 가족까지 설득할 수 있다. 수천만 원에서 수억 원까지 목돈이 투입되는 부동산 투자이기에 이 부분은 더욱 중요하다.

필자는 국내 10대 기업에서 만11년 재직했다. 재직시절 성과를 인정받아 각종 포상과 교육을 이수했고 본부 최연소 팀장 직책을 달 정도로 회사 내에서의 입지는 탄탄하다. 하지만 입사 4년 차에 경영 악화로 월 50만 원 상당의 급여 삭감을 감수해야 했고,

필자의 부모님 연령인 베이비부머 세대의 조기퇴직을 목격하며 불안감은 커졌다. 아무것도 준비하지 않으면 결국 타의에 의해 끌려다니는 삶을 살 수밖에 없다는 것을 일찍부터 깨달았다. 대기업에 다님에도 200만 원의 치과 비용이 없어 부모님께 손을 벌리는 난처한 상황을 겪으면서 위기의식은 더욱 고조되었다. 돈에 휘둘리지 않고 살아남기 위해 나름의 성장 플랜을 세워야 했다.

그렇게 수년간 준비하고 공부하고 연습을 반복하며 부동산에 투자했고, 공인중개사 자격증을 취득했으며, 유튜브 방송에도 도전했다. 그리고 현재는 부동산 투자 오프라인 강의까지 진행하고 있다.

첫 투자, 첫 성공 그리고 숨겨진 이면

2008년 글로벌 금융위기 이후 광역시 부동산은 초호황이었다. 청약에 당첨만 되면 수천만 원의 프리미엄이 붙으면서 소위 '로또청약'이란 말이 유행처럼 번졌다. 최소한의 입지분석조차 하지 않고 청약을 넣는 사례가 속출했다. 당시 부양가족이 많지 않고 무주택기간 점수도 낮아 가점제로는 당첨될 가능성이 희박했고, 높은 경쟁률로 인해 추첨으로도 진입이 어려웠다. 청약에만 당첨되면 큰돈을 번다고 하니 마음은 점점 초조해졌다.

그러던 어느 날, 필자가 거주하는 지역의 일급지에 위치한 지자체 청사 부지가 곧 매각될 예정이란 소식이 들렸다. 해당 부지 바로 앞에 있는 빌라를 매수하면 나중에 함께 개발될 확률이 높다는 말을 듣고 매물을 보러갔다. 이때 공인중개사는 매물을 보여주며 "예전부터 그런 이야기는 있었지만 개발계획은 불확실하다. 지금 신축이 올랐고 향후 구축이 올라갈 타이밍이다. 매매가와 전세가가 딱 붙고 있다."라며 구축 아파트 갭투자를 권유했다.

공인중개사가 권유한 아파트는 중고층이 막 3억 원을 돌파한 상태였다. 때마침 1층 급매물이 전세 1억 6천만 원을 끼고 2억 4,500만 원에 나와 있었다. 필자가 계속 망설이자 공인중개사는 두 번 다시는 안 올 귀중한 기회라며 본인이 가계약금까지 일단 내줄 테니 진지하게 고민해보라고 강하게 설득했다. 고민 끝에 갭 8,500만 원에 매수를 진행하게 되었다.

1년 정도 경매 공부를 해서 간단한 권리분석만 할 줄 알았지 실제 투자는 완전 초보였다. 전세 시세가 오르고 있으니 나중에 새로 세입자를 들이면 투자금 일부를 회수할 수 있겠다고 판단했다. 다행히 그러한 판단은 적중했고 1년 6개월 뒤 새로운 세입자를 받으며 투자금 대부분을 회수하게 된다. 그리고 다시 6개월 뒤 2년 보유기간을 채우고 비과세로 3억 1,500만 원에 매도하게 된다.

필자에게 매물을 중개한 공인중개사는 알고 보니 일대에서 이미 유명한 사람이었다. 가격의 변화와 흐름을 읽는 안목과 좋은 매물을 잘 파는 기술까지 보유한 실력 있는 사람이었음을 뒤늦게 알게 되었다. 그때 그 물건을 사고판 과정을 지금 돌이켜보면 참으로 아찔하다. 아무리 급매라 해도 1층은 손바뀜이 적다는 단점이 있어 자칫 돈이 묶일 수 있었다. 결과는 좋았지만 실력 하나 없이 그냥 운이 좋아서 성공한 것뿐이었다.

자본금 없이 회사 대출 1억 원을 받아 100% 레버리지로 투자했기에 수익률만 놓고 보면 대단히 성공적인 투자였다. 첫 투자를 계기로 레버리지의 중요성을 깨닫게 되었다. 대출에 대한 막연한 두려움을 없애준 소중한 경험이었다.

투자의 원칙은
돈을 잃지 않는 것

유주택자였지만 아파트 청약도 꾸준히 넣었다. 그러다 천운이 따랐는지 아무리 넣어도 되지 않던 아파트 청약에 당첨된다. 1주택자였음에도 바닷가 옆 신도시에 위치한 아파트 로얄동, 로얄층에 당첨된다. 소위 말하는 'RR'이었다. 당첨만 되면 수천만 원의 프리미엄이 붙던 시기인데 RR 매물이라니 정말 로또에 당첨된 것처럼 기뻤다. 그런데 나중에 알고 보니 시세 수준으로 분양한 단지여서 '초피(최초 프리미엄)'는 그리 크지 않았다.

프리미엄에 대한 기대감은 실망감으로 바뀌었고 3천만 원의 계약금도 내기 빠듯한 상황이어서 매도하기 위해 매물을 내놓았다. 얼마 뒤 매수인이 붙었고 계좌번호를 건넸는데, 장인어른께서 계약금을 빌려줄 테니 일단 매도를 보류하는 게 어떠하겠냐며 의견을 주셨다. 매수 희망자가 아직 계약금을 입금하진 않아서 그 즉시 매도 의사를 철회했다.

수개월 뒤 초피보다 좀 더 비싼 프리미엄으로 해당 분양권을 매도했다. 앞서 첫 투자처인 구축 1층 매물도 순차적으로 매도했다. 그 이후 6천 세대 규모의 신도시 입주를 앞두고 과열되었던 지역 부동산 경기가 냉각되기 시작했고 끔찍한 하락장이 찾아온다. 필자가 팔았던 분양권은 '마피(마이너스 프리미엄)' 5천만 원까지 내려갔다. 해당 분양권을 매수한 사람은 이미 같은 지역의 분양권을 2개나 들고 있던 투자자였다. 첫 투자처인 구축도 판매한 직후 시세가 추락했고, 해당 물건을 가져간 매수인은 약 3년 만에 본전으로 매도하면서 소중한 기회비용을 상실하고 만다.

과도한 입주물량은 아무리 입지가 좋고 유망한 지역이라 할지라도 가격에 지대한 영향을 미친다. 일단 하락장이 시작되면 빠져나갈 타이밍을 잡기가 쉽지 않다. 경험과 지식 없이 그저 천운으로 결과만 좋았던 투자였다. 운이 나빴다면 끔찍한 하락장에 휘말렸을 것이다. 이를 계기로 부동산은 매수보다 매도가 더 중요하다는 사실을 깨달았다. 적당한 때, 적당한 가격이라면 매도하는 것을 원칙으로 잃지 않는 투자를 해야 한다는 투자 철학을 세울 수 있었다.

"투자의 첫 번째 원칙은 절대로 돈을 잃지 않는 것이다. 투자의 두 번째 원칙은 첫 번째 원칙을 잊지 않는 것이다."

오마하의 현인 워런 버핏의 말이다. 욕심을 부리지 말고 적당함을 알라는 뜻인데 돈을 더 벌고 싶다는 인간의 탐욕을 통제하는 것은 참으로 어려운 일이다.

온오프라인 강의에서 필자는 수강생들에게 다음과 같이 강조한다.

"2년 뒤 팔기 쉬운 곳을 선택해야 한다."

상승장일지라도 부동산은 팔기 쉽지 않은 상품임을 명심해야
한다. 잃지 않는 투자를 위해서는 매수하기 전부터 매도 전략까지
세우는 지혜가 필요하다.

투자는 결국 수익률로 말한다

"그냥 제일 비싸고 좋은 것을 사면 되지 않나요? 그러면 알아서 올라가 겠죠."

일부는 맞고 일부는 틀린 이야기다. 어떤 지역이 상승세를 타고 있다면 동일한 급지 내에서는 서로 상승률이 비슷비슷할 것이다. 상승률이 동일하다면 매매가가 높을수록 시세차익도 큰 법이다. 그런데 전세가율에선 차이가 날 수 있다. 전세가율이 높은 물건은

구분	매수가격	전세가격	전세가율	투자금액	매도가격	상승률	시세차익	수익률
A아파트	10	6	60%	4	13	30%	3	75%
B아파트	5	3.5	70%	1.5	6.5	30%	1.5	100%

A아파트 vs. B아파트

(단위: 억 원)

갭투자 시 투자금이 적게 들어가기 때문에 추후 높은 수익률을 기대할 수 있다.

일반적으로 매매가가 비싼 아파트는 전세가율이 낮은 편이다. 예를 들어 매매가 10억 원인 A아파트와 매매가 5억 원인 B아파트가 있다고 가정해보자. 둘 다 상승률이 30%라면 매매가만 놓고 봤을 때 당연히 A아파트의 차익이 클 것이다. 하지만 A아파트의 전세가가 6억 원, 전세가율이 60%이고, B아파트의 전세가가 3억 5천만 원, 전세가율이 70%라면 어떨까? 투자금 대비 수익률로 따지면 A아파트는 75%, B아파트는 100% 수익률을 기록한 것이다. 즉 갭투자 시 수익률만 놓고 보면 매매가가 낮은 B아파트가 A아파트보다 우위에 있다.

만약 두 아파트 모두 비과세로 양도한다면 이 정도 차이로 그

치겠지만, 일반과세 구간에 접어들면 세율에서도 큰 차이를 보인다. A아파트는 차익 3억 원에 대한 양도소득세가 약 8천만 원(세율 38%)인데 B아파트는 차익 1억 5천만 원에 대한 양도소득세가 약 1,700만 원(세율 35%)에 불과하다. 즉 A아파트 하나보다 B아파트 2채를 매수하는 것이 세전 수익률과 세후 수익률을 높일 수 있는 방법이다. 단 B아파트 2채를 같은 해에 매도하는 경우 양도소득세가 합산과세되는 관계로 세율이 올라가게 된다. A아파트의 차익 3억 원에 적용되는 세율과 동일하게 과세되는 것이다. 이 경우 2채를 매도할 때 연도를 달리하는 분할 매도를 통해 세금을 줄일 수 있다.

매매가보다
중요한 갭 차이

좀 더 과장해서 이야기하자면 10억 원짜리 아파트 하나를 사는 것보다 1억 원짜리 아파트 여러 채를 사는 것이 수익률 관점에서 훨씬 유리할 수 있다. 매매가가 1억 원인데 전세가가 8천만 원이라면 갭 2천만 원으로 투자 시 매매가의 20%만 상승해도 이미 투자금 대비 수익률은 100%에 달한다. 반면 매매가가 10억 원이고, 전세가가 6억 원인 매물에 갭 4억 원으로 투자했다면 매매가가 20% 상승해도 투자금 대비 수익률은 50%에 불과하다. 10억 원 상당의 아파트를 전세 6억 원을 끼고 4억 원에 매수해서 20%가 오르면 2억 원을 벌지만, 동일한 투자금(4억 원)으로 전세가가 8천만 원인 1억 원 상당의 아파트 20채를 매수하면 4억 원을 벌 수 있다. 물론 이는 극단적인 예시로 시장이 항상 예측한 방향대로 움직이는 것은 아니므로 갈아타기 전략 또는 다주택 전략 중 무엇이 본인의 성향에 맞는지 고민할 필요는 있다.

상기 예시는 서울 투자와 지방 투자로 치환할 수 있다. 상대적으로 매매가가 높은 서울 아파트보다 저렴하지만 전세가율이 높은 지방 아파트의 수익률이 보다 합리적일 수 있다. 서울과 지방의 사이클이 다르다는 점은 차치하더라도 저마다 가용 가능한 투자금은 다르기 때문에, 만일 보유한 종잣돈이 적다면 지방을 우선적으로 고려하고 접근하는 것이 타당하다.

참고로 지방 중에서도 인구가 80만 명인 이상인 도시를 선택하는 것을 원칙으로 삼았으면 한다. 5대 광역시(부산, 대구, 울산, 대전, 광주)와 광역시급 도시(청주, 세종, 창원) 위주로 진입하는 것이 '잃지 않는 투자'의 비결이다. 인구수가 많다는 것은 결국 내 물건을 받아줄 매수인이 많다는 뜻이다. 2부에서는 본격적으로 투자를 타진할 만한 인구 80만 명 이상의 지방을 분석하고 투자 노하우에 대해 알아보겠다.

2부

지역별
입지분석 및
투자 포인트

1장 - 부산: 경상권 부동산의 척도

2장 - 대구: 새롭게 변모하다

3장 - 울산: 대한민국 산업수도

4장 - 대전: 충청권의 핵심 지역

5장 - 광주: 수요가 밀집된 광역시

6장. 청주·세종·창원: 광역시만큼 강하다

1장

부산:
경상권 부동산의 척도

제2의 도시, 부산광역시

대한민국 제2의 도시 부산광역시는 경상권 부동산을 투자하는 데 있어 척도로 삼을 만한 아주 중요한 곳이다. 부산 부동산 가격과의 비교를 통해 다른 경상권 부동산의 가격이 얼마나 고평가 또는 저평가 상태인지 판단할 수 있다. 사이클 주기가 상대적으로 짧은 광역시의 특정상 가격의 적정성 판단은 매수와 매도 시기를 정하는 데 도움이 되는 아주 중요한 지표라는 점을 명심하자.

부산은 서울 다음으로 두 번째로 인구가 많기 때문에 소비 총

(단위: 천 명)

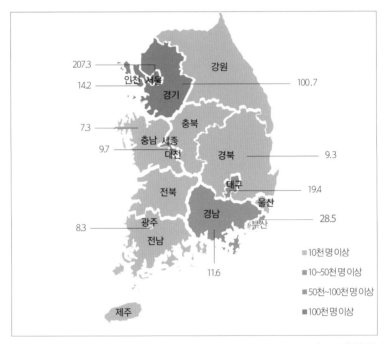

207.3

14.2

인천 서울

강원

경기

100.7

7.3

충북

충남 세종

9.7

대전

경북

9.3

전북

대구

19.4

울산

경남

28.5

부산

광주

8.3

전남

■10천 명 이상

■10~50천 명 이상

■50천~100천 명 이상

■100천 명 이상

11.6

제주

자료: KB경영연구소

량의 규모가 크며 이에 따라 부자의 숫자도 많은 편이다. KB경영
연구소에 따르면 2023년 기준 부산은 금융 자산 10억 원 이상 보
유, 부동산 자산 10억 원 이상 보유한 부자가 2만 8,500명에 달
했다. 대구는 1만 9,400명, 인천은 1만 4,200명, 대전은 9,700명
으로 광역시 중 부산이 부자가 가장 많은 지역임을 알 수 있다.

부자가 많다는 것은 고가주택에 대한 수요가 높아 건설사에서 고급화 전략으로 시장에 진입할 수 있다는 뜻이다. 즉 주거 시장에서 다양한 가격대의 상품이 많다는 것을 의미한다. 가격대가 다양하면 현지인뿐만 아니라 외지 투자자의 유입도 수월하다. 비유를 하면 저렴한 상품 일변도인 재래시장에는 대부분 현지인이 방문하지만, 고가의 명품관이 즐비한 신세계백화점 센텀시티점에는 타지역 사람들의 방문이 끊이질 않는다.

부산의
인구와 집값

부산광역시는 인구 감소와 노령화가 동시에 진행되고 있는 대표적인 도시 중 하나다. 부산의 인구수는 2008년 356만 명에서 2024년 329만 명으로 16년간 7%(27만 명) 감소했다. 특히 2021년 1월부터 2023년 12월까지 감소된 인구 중 70%가 넘는 숫자가 서울, 경기 지역으로 이동했다. 부산은 청년층의 유출이 심각한데 2023년 기준 20~30대 청년층의 순유출이 전체의 59.5%를 차지한 바 있다.

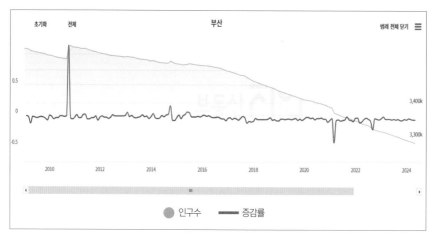

0.5

0

-0.5

3,400k

3,300k

2010   2012   2014   2016   2018   2020   2022   2024

● 인구수   ━━━ 증감률

부산 인구수, 증감률 추이 (자료: 부동산지인)

　　부산에서 인구수가 가장 많은 지자체는 해운대구(37만 7천 명)다. 2위는 부산진구(36만 1천 명), 3위는 사하구(29만 4천 명), 4위는 북구(27만 1천 명), 5위는 동래구(26만 8천 명)다. 그럼 아파트 평당가 순위는 어떻게 될까? 부산 아파트 시세 평당가 순위는 2024년 7월 기준 1위는 수영구(1,962만 원), 2위는 해운대구(1,661만 원), 3위는 동래구(1,503만 원), 4위는 연제구(1,432만 원), 5위는 남구(1,331만 원)다. 여기서 우리는 인구수가 많아도 집값이 낮을 수 있고, 반대로 인구수가 적어도 집값이 비쌀 수 있다는 점을 알 수 있다. 인구수와 집값이 반드시 비례하는 것만은 아니라는 것이다.

부산 지역별 인구수와 평당가(2024년 7월 기준)			

(단위:만 원)

지역	매매 평당가	전세 평당가	전세율	인구수(명)
수영구	1,962	879	42%	173,340
해운대구	1,661	870	51%	377,060
동래구	1,503	877	56%	268,851
연제구	1,432	838	57%	212,054
남구	1,331	863	62%	255,597
서구	1,304	927	64%	103,138
금정구	1,244	844	65%	213,399
강서구	1,218	807	67%	142,335
동구	1,082	777	63%	86,973
부산진구	1,065	735	65%	361,459
기장군	999	701	70%	177,282
북구	989	695	68%	271,211
사하구	788	576	71%	294,732
사상구	775	592	74%	201,404
영도구	771	582	70%	105,668
중구	577	590	91%	38,248

   인구수 감소 문제는 비단 부산만의 일은 아니다. 한국 인구수가 절반으로 준다면 부동산 가격에 미치는 충격은 가히 엄청날 것이다. 하지만 출생아 수 감소를 평균수명 연장에 따른 노령층 증가

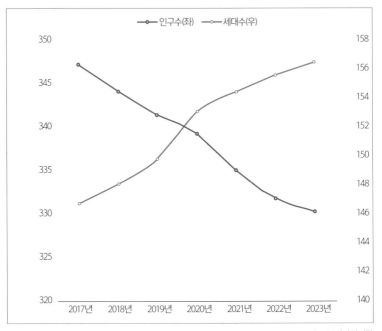

부산시 인구수 및 세대수

(단위: 만 명, 만 가구)

인구수(좌) ──○── 세대수(우)

자료: 부산광역시청

와 1~2인 가구 증가에 따른 세대수 분화로 상쇄하고 있다. 인구 감소가 단기적으로 부동산 시장에 미치는 효과는 적을 것으로 보인다. 부산 역시 인구수는 줄고 있으나 세대수는 반대로 증가하는 양상이다. 인구 감소에도 세대수는 꾸준히 늘고 있다. 세대수 증가는 곧 주택 수요 증가를 의미한다. 인구 감소가 장기 추세인 것은 맞지만 이것이 부동산 경기를 하향으로 향하도록 만드는 절대적인 변수가 아님을 이해했으면 한다.

핵심 지역 분석하기

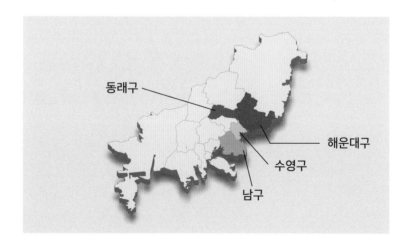

부산은 바다를 품고 있다는 점과 '부산(釜山)'이라는 이름에 걸맞게 산지가 많아 평지에 대한 희소성 있다는 점이 특징이다. 그렇기에 부산 부동산의 핵심 입지는 소위 '해수동남'이라 불리는 해운대구, 수영구, 동래구, 남구다. 상승기에는 다음과 같은 헤드라인을 쉽게 볼 수 있다.

부산 아파트 가격 10주 연속 상승…'해수동남' 주도
"지금 아니면 못 사" 해수동남 집값 불붙었다

그만큼 '해수동남'은 부산 부동산 가격을 이끄는 척도라 할 수 있다. 해운대, 수영구, 남구, 동래구 순으로 살펴보겠다.

해운대구의
특징

해운대구는 부산에서 가장 많은 인구(37만 7천 명)가 살고 있는 곳으로 부촌과 평범한 급지가 혼재된 곳이다. 이곳에서 부촌은 보통 중동과 우동을 이야기한다. 중동에는 해운대해수욕장 앞에 위

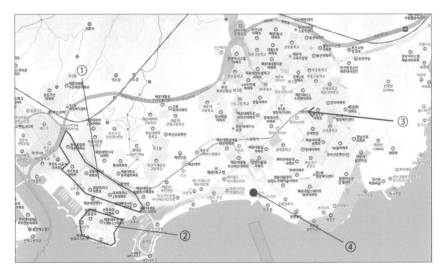

부산 해운대구 지도. ①은 대우마리나1~3차 등 약 6,500세대, ②는 마린시티로 약 6,200세대가 있다. ①과 ②는 부촌인 우동 일원이다. ③은 비교적 평범한 좌동 일원이고, ④는 부산의 상징인 엘시티다. (자료: 카카오맵)

치한 지상 101층의 엘시티(882세대)가 있고, 우동에는 광안대교를 건널 때 웅장함을 느낄 수 있는 해운대아이파크(1,631세대), 해운대두산위브더제니스(1,788세대) 등이 있는 마린시티가 있다. 아울러 동백역 앞에는 구축이지만 평당가 3천만 원이 넘고 대형 평형이 많아 전문직 고소득층이 많이 거주하고 있는 '마리나' 이름이 붙은 아파트도 있다. 경동마리나(892세대), 경남마리나(624세대), 대우마리나1차(714세대), 대우마리나2차(450세대), 대우마리나3차(750세대) 등을 비롯해 일대에 약 6,500세대가 있다. 고급 주택과 대형 평형이 제법 있기 때문에 중국 등 외국 국적의 투자자가 유입되면서 대한민국 제2의 도시라는 상징성을 더욱 공고히 했다.

해운대구에서 부촌이 아닌 평범한 지역은 어느 곳일까? 바로 해운대 좌동이다. 과거 해운대 신시가지라 불리며 부산 최초의 계획도시이자 부산 2호선의 기점인 장산역 일원에 위치해 있다. 장산역 주변에는 NC백화점, 롯데시네마 등이 있다. 상권도 매우 잘 형성된 훌륭한 주거밀집지역이다. 1990년 초반에 건설되었기 때문에 재건축 가능 연한인 30년을 향해 달려가고 있는 아파트가 많다. 2024년 초 발표한 「노후계획도시 정비 및 지원에 관한 특별법」(이하 노후도시특별법)에 따른 용적률 상향으로 인해 수혜가 기대되는 대표적인 지역이다.

참고로 해운대구에서 학업 성취도 평가가 가장 우수한 중학교는 센텀중학교이며 그 뒤를 신도중학교, 양운중학교가 따르고 있다. 특목고 진학률 부문에서는 해운대여자중학교가 가장 우수한 상황이다. 고등학교는 부산센텀여자고등학교(전 부산국제외국어고등학교), 해운대고등학교, 양운고등학교 순으로 학업 성취도 평가가 우수하다.

수영구의
특징

    수영구의 인구수(17만 3천 명) 순위는 부산에서 11위로 낮은 편이지만, 아파트 평당가는 1,962만 원으로 부산에서 1위인 지역이다. 수영구의 인구수가 적은 이유는 지리적인 특징 때문인데 동쪽으로는 바다와 수영강으로, 서쪽으로는 금련산으로, 남쪽으로는 수영만으로 막혀 있는 구조다. 행정구역이 좁고 세로로 기다란 형태이며 지하철 라인과 광안리해수욕장 일대가 지역을 가로지른다. 즉 상업지역으로 좌우가 단절되어 있어 대규모 주거밀집지역이 탄생하기 어렵다. 필자가 이야기하는 주거밀집지역이란 노후빌라, 단독주택이 많은 곳이 아닌 아파트가 많은 거주환경 좋은 곳이다.

    인구수는 적지만 집값이 비싼 이유는 수영구 자체의 입지가 좋고 주거밀집지역의 희소성이 크기 때문이다. 수영구에서 거의 유일한 주거밀집지역으로는 삼익비치타운(3,060세대)이 있는 남천동 일원이며, 남천역 주변으로 학원가도 잘 발달되어 있다. 또한 광안대교가 있어 조망 가치가 높다 보니 높은 집값을 형성하고 있다.

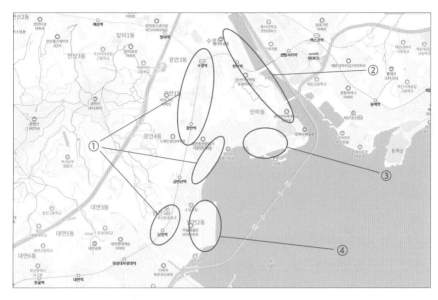

부산 수영구 지도. ①은 상업지역이다. ②는 수영강변 일대로 현대 등 약 5,800세대, ③은 민락동 일대로 e편한세상오션테라스 등 약 1,950세대, ④는 남천동 일대로 남천자이 등 약 7,800세대가 있다. (자료: 카카오맵)

참고로 수영구에서 학업 성취도 평가가 가장 우수한 중학교는 동수영중학교이며 그 뒤를 망미중학교, 광안중학교가 따르고 있다. 특목고 진학률 부문에서는 광안중학교가 가장 우수한 상황이다. 고등학교는 덕문여자고등학교, 부산동여자고등학교, 부산남일고등학교 순으로 학업 성취도 평가가 우수하다.

남구의
특징

남구는 수영구의 지리적 단점을 극복하기 위해 조성된 수영구의 대체 주거지라 볼 수 있다. 2000년대 초반 용호만 매립지 조성을 통해 LG메트로시티1~5차(7,400여 세대) 등이 들어오면서 신도시로 탄생했다. 24평형부터 92평형까지 평형을 고루 갖고 있어 다양한 계층이 유입되었다. 보통 대형 평형이 많다는 것은 중산층 이상이 많고 그만큼 소비 지출이 크다는 뜻이기 때문에 상권 발달에 한몫한다 볼 수 있다. 용호만 매립지에 아파트가 들어선 지 20년이 넘어가면서 학군과 상권도 안정화되었으며, 광안대교를 바로 탈 수 있어 해운대구나 울산으로의 이동도 편리하다는 장점이 있다. 또한 2018년에 높이 69층의 고급 주상복합 W아파트(1,488세대)가 들어서면서 부촌의 이미지로 각인되었다.

남구 용호동에 20년이 경과한 주거밀집지역 외에도 앞으로의 20년을 책임질 못골역 일원도 주목해야 한다. 그동안 대연롯데캐슬레전드(3,149세대)만 홀로 외롭게 있었으나 2026년 입주 예정인 두산위브더제니스오션시티(3,048세대)와 2027년 입주 예정인 대연디아이엘(4,488세대) 등을 합치면 못골역 일원에 1만 5천 세

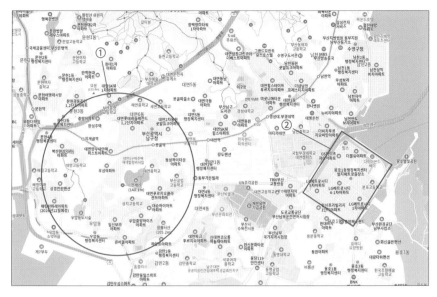

부산 남구 지도. ①은 대연롯데캐슬레전드 등이 있는 못골역 일원, ②는 용호동 신도시로 LG메트로시티 등 약 1만 1,300세대가 있다. (자료: 카카오맵)

대가 넘는 대규모 주거밀집지역이 탄생한다. 필자는 부동산 투자 시 인구 밀집 여부를 가장 중시한다. 인구가 밀집된 지역은 상승과 하락 여부를 떠나 추후 매도할 때 용이하고, 세입자를 빠르게 구할 수 있다는 장점이 있다.

참고로 남구에서 학업 성취도 평가가 가장 우수한 중학교는 분포중학교이며 그 뒤를 남천중학교, 용호중학교가 따르고 있다. 특목고 진학률 부문 역시 분포중학교가 가장 우수하다. 고등학교는 동천고등학교, 예문여자고등학교, 대연고등학교 순으로 학업 성취도 평가가 우수한 상황이다.

동래구의
특징

동래구는 해안가를 품고 있는 해운대구, 수영구, 남구와 달리 내륙으로만 구성되어 있다. 동래구는 사직동, 온천동, 명륜동 위주로 주거지역이 발달되어 있다.

사직동은 사직구장이 있으며 주거지역과 상업지역이 잘 어우러진 곳이다. 일반적으로 주거지역 인근에 위치한 상업지역은 큰 건물 위주로 구성되어 있어 대형 학원이 많은 편이다. 실제로 사직동은 부산에서 가장 큰 학원가를 보유한 학군지여서 주거 만족도가 상당히 높다.

온천동은 정비사업을 통해 대단지 아파트가 들어서고 있다. 2021년 입주한 온천2구역 재개발 단지인 동래래미안아이파크(3,853세대)와 2024년 9월 입주한 온천4구역 재개발 단지인 래미

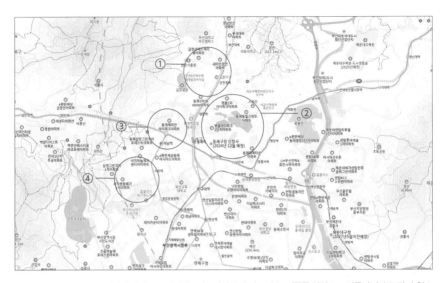

부산 동래구 지도. ①은 온천장역 일원으로 래미안포레스티지 등이 있고, ②는 명륜동 일원으로 명륜아이파크1단지, 힐스테이트명륜트라디움 등이 있으며, ③은 동래역 일원으로 동래래미안아이파크, 럭키 등이 있으며, ④는 사직동 일원으로 사직쌍용예가 등이 있다. (자료: 카카오맵)

안포레스티지(4,043세대)가 있다. 상승장 때 동래래미안아이파크는 실거래가 12억 5천만 원을 기록할 정도로 인기가 좋았다. 노후 지역에 오랜만에 들어선 신축은 수요가 높다는 점을 알 수 있다. 또한 1983년에 입주한 럭키(1,536세대)는 이미 40년이 넘어 재건축 기대감으로 과거 33평이 11억 8천만 원을 기록하기도 했다. 그러나 부동산 하락장이 시작되고 재건축 공사비 증가 등의 사유로 30% 하락한 상태다.

명륜동은 명륜초를 품고 있는 명륜아이파크1단지(1,139세대)와 2022년에 입주한 신축 힐스테이트명륜트라디움(874세대) 등 명륜역 주위로 약 4천 세대의 주거지역이 형성되어 있다. 더불어 명륜2구역 재건축 사업을 통해 신축 499세대가 들어설 예정이다. 2024년 초 명륜2구역은 사업시행인가를 받은 상태다.

참고로 동래구에서 학업 성취도 평가가 가장 우수한 중학교는 사직여자중학교이며 그 뒤를 남일중학교, 혜화여자중학교가 따르고 있다. 특목고 진학률 부문은 동해중학교가 가장 우수하다. 고등학교는 사직여자고등학교, 혜화여자고등학교, 용인고등학교 순으로 학업 성취도 평가가 우수한 상황이다.

주목해야 할 3개 지역

    향후 부산 부동산 투자를 위해 다음의 3개 지역을 주목해야 한다고 생각한다. 사상, 사하 등 다른 지역에 투자하지 말라는 의미가 아니다. 돈은 결국 강한 특색과 호재가 드러나는 곳에 흘러가기 마련이다. 해운대 좌동, 시민공원주변 재정비촉진구역, 에코델타시티 3개 지역의 동향을 지속적으로 파악한다면 부산 부동산 시장의 전반적인 흐름을 쉽게 이해할 수 있을 것이다.

해운대
좌동

　2024년 초 분당, 평촌, 중동, 일산 등 수도권 1기 신도시와 부산 해운대 좌동, 대전 서구 둔산동 등을 포함한 지방 대도시 지역의 신속한 재건축 진행을 위해 노후도시특별법이 제정되었다. 3종일반주거지역의 경우 기존에는 법적 용적률 최대 한도가 300%였지만 노후도시특별법으로 인해 조례와 상관없이 1.5배를 적용해 최대 450%까지 증가했다. 용적률 증가로 원주민의 추가분담금을 감소시킬 수 있게 되었다. 물론 가장 먼저 어디를 재건축할지가 결정되어야만 지자체에서 용적률 인센티브를 정할 수 있으며 추가분담금 규모도 알 수 있다.

　해운대 좌동의 인구는 약 9만 명으로 대표적인 주거밀집지역이다. 또한 일자리가 많은 울산 국가산업단지와 40분 내외 거리로 가까워 울산 출퇴근자 수요도 받아줄 수 있는 지역이다. 좌동의 아파트 단지는 1996년부터 입주가 진행되었으며 2026년이 되면 재건축 가능 연한인 만30년이 된다. 현재 용적률은 230%에서 260%로 다소 높고 세대당 평균 대지면적은 12평에 가까워 기존 법적 상한 용적률인 300%로는 사업성이 나오지 않는다. 그래서

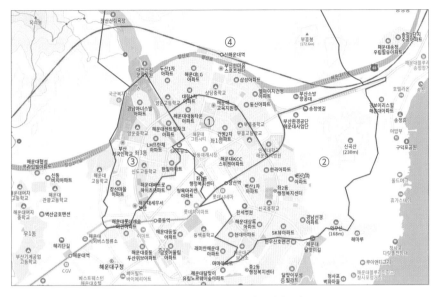

부산 해운대 좌동 지도. ①~④는 차례대로 좌1동, 좌2동, 좌3동, 좌4동 (자료: 카카오맵)

세대당 평균 대지면적이 10평인 해운대상록(1,000세대)의 경우 리모델링 사업으로 선회 중이었는데 노후도시특별법으로 인해 최근 분위기가 바뀌었다. 만일 용적률 400% 이상을 받을 수 있다면 사업성이 높아지게 된다.

　필자는 재건축 사업이 잘 진행되기 위해서는 재건축 전후 세대수 변동이 30% 이상은 되어야 한다고 본다. 30%를 일반분양해서 수익을 어느 정도 발생시켜야만 조합원의 추가분담금이 감소할 것이기 때문이다.

　해운대 좌동은 용적률 인센티브를 통해 재건축 후 전체 세대수
가 40%가량 증가할 것으로 기대되는 곳이 많다. 학교와 학원이
발달한 주거선호지역에 신축이 들어선다는 것은 어떤 의미일까?
이 부분에 대해 진지하게 고민해보기 바란다.

시민공원주변
재정비촉진구역

　시민공원주변 재정비촉진구역(1·2-1·2-2·3·4구역)은 부산 진구
부산시민공원을 둘러싸고 있는 재개발 구역이다. 울산과 부산 등
을 잇는 광역철도망인 동해남부선 부전역과 지하철 부전역을 인
근에 두고 있다. 뉴욕에 센트럴파크, 서울에 서울숲이 있다면 부
산 중심에는 부산시민공원이 있다. 그만큼 상징적인 공원이며 도
심의 일상에 지친 사람들에게 활력소가 되는 곳이다. 공원을 품은
지역은 '공세권'이라는 단어도 생겨날 만큼 도심 속에 위치한 공
원에 대한 가치는 높다고 볼 수 있다. 다운타운인 서면과도 접근
성이 좋아 중심 상권을 누릴 수 있다. 다운타운에서 도보로 접근

부산시민공원

구립부산국악원

부암교차로

촉진4구역

촉진3구역

촉진1구역

촉진2-1구역

촉진2-2구역

부산진구청

시민공원주변 재정비촉진구역

할 수 있는 주거지역은 가치가 상당히 높다. 대구로 치면 동성로, 중앙로로 쉽게 접근할 수 있는 청라언덕역의 가치가 높은 것과 같다.

향후 재정비촉진구역은 4개 구역을 합쳐 약 9천 세대의 최고 65층 하이엔드 아파트가 들어선 신도시로 조성될 예정이다. 조합원 분양신청이 진행되고 있는 단계다. 현재 예상 일반분양가는 평당 3,700만 원으로 34평 기준 12억 5천만 원 정도라고 한다. 주요 입지의 브랜드 아파트보다 비싸고 고급 아파트 시세 수준이다 보니 일반분양은 매끄럽게 흘러가지 않을 확률이 있다. 하지만 '고급 아파트' '공원' '역세권' 세 가지 핵심 요소가 가진 힘으로 시간은 다소 걸리더라도 결국은 내륙 대장으로 우뚝 설 확률이 높다고 생각한다.

강서구

에코델타시티

강서구 에코델타시티는 인구 약 7만 6천 명을 수용하고, 주택 약 3만 세대 공급을 목표로 부산 강서구 강동동, 명지동, 대저2동 일원에 조성되고 있는 도시개발사업이다. 에코델타시티 조성에 앞서 남쪽에 명지오션시티, 명지국제신도시가 차례로 들어섰다. 명지국제신도시가 건설된 이후 부산지검 서부지청, 부산지법 서부지원 청사가 들어섰고, 스타필드와 이마트가 들어오면서 거주 가치는 더욱 높아졌다. 명지국제신도시의 더샵명지퍼스트월드(아파트 20개동 2,936세대)의 경우 과거 상승장 때 실거래가 9억 원대를 기록하면서 부산 외곽은 오르지 않을 것이라는 편견을 깨기도

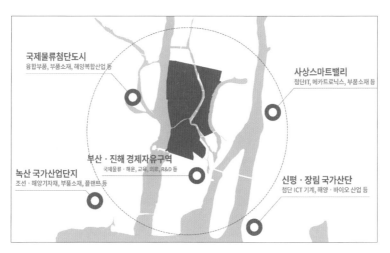

국제물류첨단도시
융합부품, 부품소재, 해양복합산업 등

사상스마트밸리
첨단IT, 메카트로닉스, 부품소재 등

부산 · 진해 경제자유구역
국제물류 · 해운, 교육, 의료, R&D 등

녹산 국가산업단지
조선 · 해양기자재, 부품소재, 플랜트 등

신평 · 장림 국가산단
첨단 ICT 기계, 해양 · 바이오 산업 등

에코델타시티 구상도 (자료: 국토교통부)

했다. 이처럼 지난 명지신도시의 상승장은 에코델타시티에 대한 기대감으로 이어졌다.

부산에서 눈여겨봐야 할 3곳 중 마지막으로 에코델타시티를 거론한 이유는 신도시의 특성상 초기 전세가가 매우 저렴해서 블랙홀처럼 주변의 거주 수요를 흡수할 것으로 예측되기 때문이다. 공공분양 1만 호, 민간분양 1만 3천 호, 임대 4,600호 등 총 3만 세대가 단계적으로 공급될 예정이어서 부산이 상승장으로 가는 길목을 단기적으로는 방해할 것으로 보인다. 즉 강서구, 사상구, 사하구, 북구 등 서부산 일원의 부동산 가격 안정화에 기여할 것이

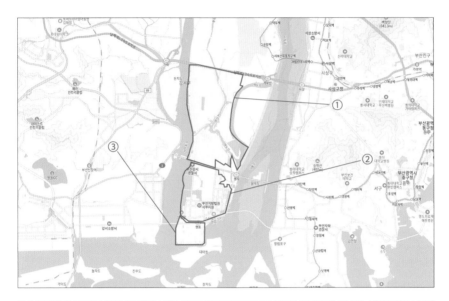

부산 에코델타시티 지도. ①은 호반써밋스마트시티 등 약 2만 7,183세대 규모의 에코델타시티, ②는 더샵명지퍼스트월드 등 약 1만 9,500세대 규모의 명지국제신도시, ③은 명지두산위브포세이돈 등 약 9,350세대 규모의 명지오션시티다. (자료: 카카오맵)

고 더 나아가 김해, 양산, 창원 진해로부터 유입되는 인구도 점차 증가할 것이다.

　외곽 신도시인데 부산 중심과는 상관없지 않느냐고 반문할 수 있다. 부동산은 지역 연계성이 강하기 때문에 외곽 신도시로 거주 수요가 지속적으로 빠져나가면 중심지 부동산 역시 수요가 감소할 수밖에 없다. 즉 에코델타시티는 부산 전체로 보면 악재일 수 있다. 하지만 대규모 입주물량으로 인해 부산 부동산 시장의 상승이 지연될지라도 추후 입주가 마무리되고 물량이 감소한다면 그동안 상승하지 못하고 응축된 에너지가 한 번에 터질 수 있다.

필자가 언급한 해운대 좌동, 시민공원주변 재정비촉진구역, 강서구 에코델타시티는 향후 발전성이 무척이나 기대되는 곳이다. 노후도시특별법에 따른 용적률 상향 조정이 부산 재건축에 미치는 힘을 알 수 있는 해운대 좌동, 하이엔드 아파트로 내륙의 고급 부촌으로 재탄생할 시민공원주변 재정비촉진구역, 주변 도시의 수요마저 강하게 흡수할 강서구 에코델타시티까지. 이렇게 3곳을 꾸준히 지켜본다면 부산 부동산 시장의 흐름을 파악하는 데 큰 도움이 될 것이다.

2장

대구:
새롭게 변모하다

정비사업으로 바쁜 대구광역시

현재 지방 광역시 중 가장 많이 떨어진 곳은 어디일까? 그리고 가장 저렴한 곳은 어디일까? 바로 대구광역시다. 부동산 경기 부양 정책으로 대구는 한때 2009~2015년 6년간 상승하고 2017~2021년 4년간 상승할 정도로 에너지가 넘쳤었다. 그러나 대구는 2008년 글로벌 금융위기 이후 대형 평형이 상당수 공급되면서 미분양 적체 리스크가 누적되었고, 결국 2021년 7월을 기점으로 5대 광역시 중 가장 먼저 하락했다.

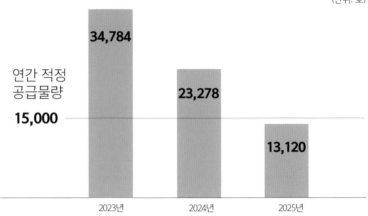

2023~2025년 대구 입주물량

(단위: 호)

연간 적정
공급물량
15,000

34,784 (2023년)
23,278 (2024년)
13,120 (2025년)

자료: 한국부동산원, 부동산R114

대구는 2022년 약 2만 세대, 2023년 약 3만 4천 세대가 공급되면서 역대 최대 입주물량을 기록했고 그 결과 5대 광역시 중 가장 큰 부침을 겪는다. 문제는 2024년과 2025년에도 합쳐서 3만 6천 호 이상의 입주물량이 나오면서 대구의 적정 공급물량으로 여겨지는 1만 5천 호를 웃돌고 있다는 점이다. 이러한 전망은 한국부동산원과 부동산R114의 '공동주택 입주예정물량' 정보에 따른 것으로 주택 과공급으로 인한 가격 하락세가 당분간은 지속될 것으로 보인다.

주요 입지 아파트가 40% 가깝게 가격이 빠지면서 지역 안팎

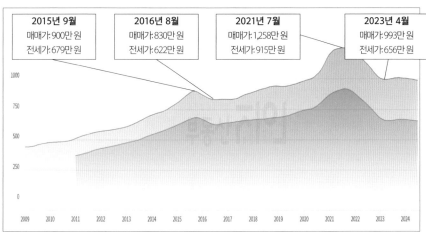

대구 부동산 매매가　　대구 부동산 전세가　　(자료: 부동산지인)

2015년 9월	2016년 8월	2021년 7월	2023년 4월
매매가: 900만 원	매매가: 830만 원	매매가: 1,258만 원	매매가: 993만 원
전세가: 679만 원	전세가: 622만 원	전세가: 915만 원	전세가: 656만 원

으로 큰 충격을 가져다 주었고, 대구 부동산은 절대 매수하면 안 된다는 기피 풍조가 생겼다. 상투를 잡은 사람들은 자산 가치의 40%가 증발하는 광경을 넋놓고 지켜볼 수밖에 없었다.

　아직까지 하락장을 겪고 있지만 현재는 최저점에서 일부 회복한 모습이다. 중구 대신동에 위치한 대신센트럴자이(1,147세대)는 고점 대비 40% 하락을 겪었지만 저점 매수세 진입 및 특례보금자리론의 효과로 25% 반등했다. 대신센트럴자이뿐만 아니라 다른 아파트에서도 보편적으로 나타나고 있는 현상이다. 대구가 정말 절대 매수하면 안 되는 위험한 지역이라면 반등도 없었을 것

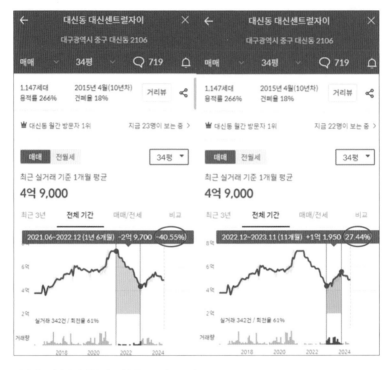

대신센트럴자이 하락폭(좌), 상승폭(우) (자료: 호갱노노)

이다. 시장은 하락론자의 생각과는 달리 영원히 하락하지만은 않았다. 아무리 신축 입주물량이 적체되었다 하더라도 결국은 소진되기 마련이다. 부동산은 주식과 달리 사용가치가 있어 저가 매수수요가 분명히 존재한다는 것을 대구 부동산 시장을 통해 알 수 있다.

대구는 대한민국에서 가장 오래된 도시 중 하나다. 6·25 전쟁 때도 피해가 거의 없었을 정도로 도시가 온전하게 보전되었다. 긴 역사를 자랑하는 도시인 만큼 부산과 함께 노후도가 심각한 축에 속한다. 현재는 여러 정비사업이 추진되어 새롭게 탈바꿈하고 있는 상태다. 2024년 1월 기준 재개발 94개소, 재건축 130개소, 주거환경정비사업 2개소로 총 226개의 정비사업이 추진 중에 있다. 도시가 재탄생하는 과정을 겪고 있기 때문에 과다한 입주물량은 불가피한 상황이다.

대구의
인구와 면적

대구는 약 236만 명의 인구를 보유하고 있다. 면적은 정부의 대구경북통합신공항 사업 추진으로 군위군이 대구로 이관되면서 최근에 크게 늘었다. 군위군 포함 시 1,497m²로 기존 면적의 약 70%인 614km² 늘어났다. 부산과 비교하면 부산은 인구수 약 329만 명, 면적은 771.33km²로 대구에 비해 인구수는 100만 명 많으나 면적은 113.89km² 작다. 부산의 인구 밀집도가 높다고 판

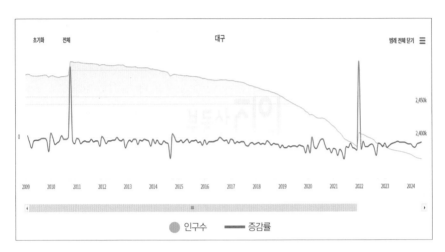

2,450k

0

2,400k

2009　2010　2011　2012　2013　2014　2015　2016　2017　2018　2019　2020　2021　2022　2023　2024

● 인구수　　━ 증감률

대구 인구수, 증감률 추이 (자료: 부동산지인)

단할 수 있다.

　대구는 부산보다 주거 면적이 넓으며, 평지가 많아 행정구역 간 연계성이 높은 편이다. 행정구역 간 연계성이 높다는 것은 입주물량에 따른 영향이 상대적으로 크다는 뜻이다. 예를 들어 A지역 입주물량이 100이고, B지역 입주물량이 0이라면 서로 단절된 곳일 경우 B지역 집값이 영향을 덜 받겠지만 연계성이 크다면 B지역 집값에 큰 영향을 줄 가능성이 높다.

　대구 인구는 부산과 마찬가지로 수년간 수도권으로 유출되었으며 인구수가 감소하고 있는 추세다. 또한 부산과 마찬가지로 인

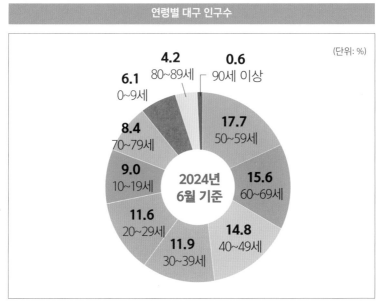

연령별 대구 인구수

(단위: %)

4.2 80~89세
0.6 90세 이상
6.1 0~9세
8.4 70~79세
9.0 10~19세
11.6 20~29세
11.9 30~39세
14.8 40~49세
15.6 60~69세
17.7 50~59세

2024년
6월 기준

자료: 행정안전부

구수는 감소하는 반면 세대수는 증가하고 있어 여타 지방 광역시와 비슷한 현상을 보이고 있다. 행정안전부 통계에 따르면 수도권과 비수도권 간 인구 격차는 2023년 기준 70만 명으로 역대 최대 규모를 기록했다. 지난 2019년 수도권 인구는 처음으로 비수도권 인구를 추월했으며 해마다 격차가 커지고 있는 상황이다.

대구는 50대 연령층이 전체 인구 중 가장 많은 17.7%를 차지하고 있고, 40대 이하 연령층이 과반을 차지하고 있다. 60대 연령

층이 전체 인구 중 가장 많은 부산과 달리 대구가 좀 더 젊은 도
시임을 알 수 있다. 도시가 젊을수록 상대적으로 부동산에 대한
수요와 손바뀜도 활발하기 마련이다.

핵심 지역 분석하기

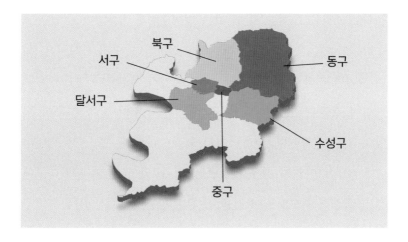

대구는 총 7개구(수성구·중구·달서구·동구·서구·북구·남구)와 2개군
(달성군·군위군)이 있다. 외곽인 달성군과 군위군을 제외한 주요 자
치구의 특징에 대해서 간략하게 알아보자.

수성구의
특징

수성구의 특징은 최고의 학군지, 최대의 학원가, 법조거리로 정
리할 수 있다. 물론 수성구는 약 41만 명이 거주하고 있고 행정구
역이 23개동으로 상당히 넓기 때문에 그 안에서도 입지가 다양하
다. 범어역과 만촌역 일대로 중대형 학원이 포진하고 있고 경북고
등학교, 경신고등학교 등이 있는 범어4동과 대륜중학교, 대륜고
등학교가 있는 만촌3동이 선호하는 주거지다. 수성구 학군은 '의
대 사관학교'라 불릴 정도로 학업 분위기가 치열하다.

범어4동은 1980년대 지어진 오래된 구축이 많아 신축이 상
당히 귀한 상황이다. 신축이어서 희소성이 높은 힐스테이트범어
(414세대) 84타입의 경우 2021년 3월 17억 원을 기록해 대구에
서 명실공히 최고의 입지임을 뽐냈다. 만촌3동에는 2016년 입주

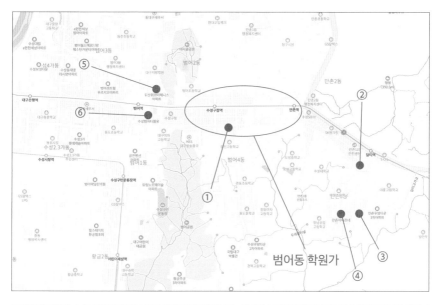

학원가가 발달한 수성구 범어동 지도. ①은 힐스테이트범어, ②는 만촌화성파크드림3차, ③은 만촌삼정그린코아에듀파크, ④는 만촌자이르네, ⑤는 두산위브더제니스, ⑥은 수성범어더블유 (자료: 네이버지도)

한 만촌화성파크드림3차(410세대), 2019년 입주한 만촌삼정그린코아에듀파크(774세대), 2023년 입주한 만촌자이르네(607세대)와 같이 그래도 준신축부터 신축까지 연식이 다양해 범어4동의 대체 주거지로 불린다. 2023년 12월 범어네거리에 수성범어더블유(1,340세대)가 입주하게 되면서 길 건너 두산위브더제니스와 함께 고급 아파트 시장이 커졌다. 대단지가 입주하면서 전세 매물이 다수 풀리자 일대 전세가가 안정화되기도 했다.

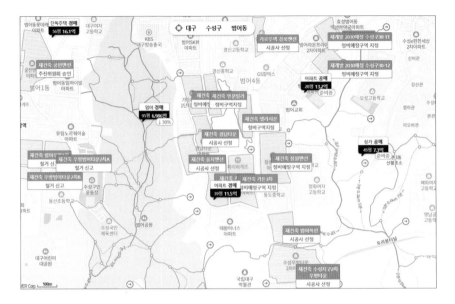

대구 수성구 정비사업 현황 (자료: 아실)

　　현재 범어4동은 재건축이 진행되고 있는 상태이기 때문에 매매가는 높은 반면 전세가는 낮게 형성되어 있다. 진입 시 투자금이 상당히 많이 들어간다. 수성3가동에는 주로 대형 평형 위주로 공급되었기 때문에 환금성이 높은 84타입을 찾는 투자자의 경우 범어3동의 e편한세상범어(842세대)로 눈을 돌렸다. 투자 수요가 높은 만큼 실거래가는 한때 10억 3천만 원까지 올랐으나 최근에 5억 6천만 원까지 떨어진 바 있다. 실거주 수요보다 투자 수요가

지역별 노후도시특별법 적용 가능 대상 지역							
지역	개수	지역	개수	지역	개수	지역	개수
서울	9	광주	6	강원	5	경남	6
부산	5	대전	6	충북	8	전북	6
대구	10	울산	2	충남	1	전남	4
인천	5	경기	30	경북	2	제주	3

자료: 국토교통부

높을 경우 이처럼 하락기 때 고난을 겪을 수 있다. e편한세상범어는 2023년 1~8월 약 8개월간 저가 매수세에 힘입어 77건 거래된 바 있다.

대구는 성서, 칠곡, 칠곡3지구 등 10곳이 노후도시특별법 적용 가능 대상으로 타진되고 있어 경기도(30곳) 다음으로 수혜가 기대되는 곳이다. 노후도시특별법 적용 대상지를 보면 대구에선 20년 이상 경과한 100만m² 이상의 택지인 성서, 칠곡, 칠곡3지구를 비롯해 인접 또는 연접한 2개 이상의 택지의 합이 100만m² 이상인 시지, 노변, 지산, 범물 일원 등 총 10개 지역이 꼽힌다.

지산역 앞에 위치한 1990년 초반에 지어진 아파트들은 용적률이 240%에 육박하기 때문에 용적률이 105%에 불과한 목련(770세대)을 제외하면 사업 자체가 진행되기 어려운 상황이었다. 그러나 용적률이 높아지고 통합 재건축으로 진행한다면 안전진단 면제 등 다양한 혜택을 받을 수 있어 향후 기대감이 있는 곳이다. 수성구만으로도 책 한 권을 쓸 정도로 다양한 내용이 있지만 지면상 핵심 요소만 간략히 소개하고 넘어가겠다.

중구의
특징

대구 중구는 외지인에게도 잘 알려진 중심상업지역인 동성로가 있는 반월당역을 중심에 두고 있다. 중앙로역, 청라언덕역, 경대병원역, 명덕역 일원으로 주거지역이 상업지역을 둘러싸고 있는 형태다. 참고로 필자는 상업지역 내 위치한 주상복합 등은 거주 가치가 낮기 때문에 가급적이면 투자를 지양해야 한다고 생각한다. 코로나19로 대한민국의 밤문화가 많이 바뀌긴 했지만 그래도 늦은 밤까지 지속되는 자동차와 유흥업소의 소음은 거주의 질을 낮추는 요인이다. 한국에서는 법으로 용도지역에 맞는 건물을 짓게 되어 있다. 주거지역에는 아파트와 같은 주택을 지을 수 있고, 상업지역에는 원칙적으로 상업시설만 지을 수 있다. 상업지역에 위치한 주상복합, 주거용 오피스텔은 예외적으로 공급을 허용

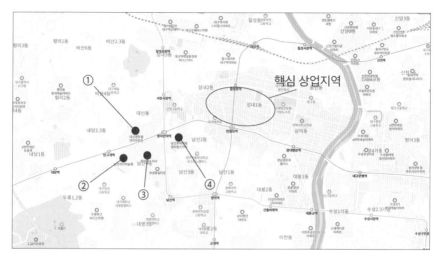

대구 중구 청라언덕역 일원 지도. ①은 대신센트럴자이, ②는 남산자이하늘채, ③은 청라힐스자이, ④는 남산롯데캐슬센트럴스카이 (자료: 네이버지도)

한 것으로 투자 시 주의가 필요하다. 필자가 가장 좋다고 생각하는 입지는 상업지역 인근에 있는 주거밀집지역이다. 동네가 조용하면서도 주변에 백화점이나 맛집이 있으면 좋다. 부산으로 치면 장산역 상권을 둘러싸고 있는 해운대 좌동이 대표적이고, 대전으로 치면 둔산동이 될 수 있다.

대구 중구에는 청라언덕역이 있다. 투자자가 좋아하는 모든 요소를 갖췄다고 보면 된다. 대구 지하철 2·3호선의 더블 역세권으로 교통의 요지이자 계명대학교 동산병원과 다수의 초중고가 있어 인프라도 풍부하다. 다양한 수요층을 흡수할 수 있는 곳이다. 반고개역 앞 남산자이하늘채(1,368세대)는 외관이 정말 멋지다. 평지인 대구의 특성상 사방에서 남산자이하늘채를 목격할 수 있다. 사람들에게 자주 노출되는 위치라는 것은 대중에게 입지적 장점이 부각된다는 의미다. 청라언덕역 일원에는 기존 구축 아파트들 틈에 대신센트럴자이(1,147세대)라는 브랜드 아파트를 필두로 순차적으로 e편한세상대신(467세대), 남산자이하늘채(1,368세대), 남산롯데캐슬센트럴스카이(987세대), 청라힐스자이(947세대)가 들어서며 중산층이 대거 유입되었다. 여기에 도보 15분 거리에 현대백화점을 리뉴얼한 '더현대'가 있어 상권의 혜택을 고스란히 누리고 있다. 참고로 대구 더현대는 비수도권 현대백화점 중 매출 1위를 기록하고 있다.

달서구의
특징

대구 달서구는 지하철 1호선과 2호선이 달서구의 남과 북을 지나며, 성서일반산업단지가 있어 직주근접이 용이한 위치다.

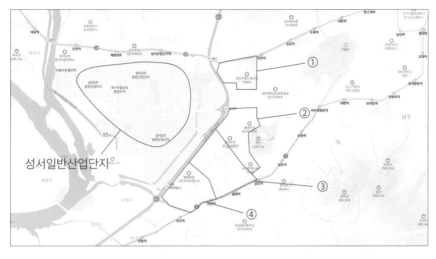

대구 달서구 지도. ①은 죽전역 일원으로 약 1만 474세대, ②는 구월성 지역으로 약 1만 4,050세대, ③은 신월성 지역으로 약 1만 6,430세대, ④는 유천동, 대천동 지역으로 약 1만 1,700세대가 있다. (자료: 네이버지도)

2008년 이후 상인역 인근 월곡로 라인으로 들어선 상인e편한세상1~2단지(1,053세대), 월성e편한세상(1,097세대)은 주변에 롯데백화점, CGV, 학원 밀집 지역이 있어 좋은 평가를 받고 있다. 또한 신월성(월성1동, 상인동) 지역은 대부분 초등학교가 아파트로 쌓여 있어 학부모의 선호도가 높은 편이다.

신월성 지역 동쪽으로 달서구에서 가장 오래된 주거밀집지역인 월성2동 일대에는 1990년대 초반에 지어진 대단지 주공아파트가 많다. 현재 대구 2030 정비예정구역으로 지정되어 있으며 월성주공1단지(1,234세대)가 가장 먼저 재건축 사업에 착수하고자 분주하게 뛰고 있다. 향후 월성2동은 재건축 중심으로 움직이게 될 가능성이 높으며 노후도시특별법에 따른 수혜를 입을 수 있을지 주목해야 한다.

유천동 일원은 신월성에 비해 상권 면적은 다소 작으나 월배아이파크(1,296세대), AK그랑폴리스1·2차(1,881세대) 등 대단지 위주로 주거지역이 형성되어 있다. 2008년에 지어진 신월성 대비 5~8년 신축이라는 점과 수영장, 피트니스센터 등 우수한 커뮤니티시설을 갖추고 있어 수요가 증가한 곳이다.

죽전역 일원은 중심상업지역으로 주상복합이 밀집된 곳이며 감삼동 주위로 신축 주상복합이 계속 들어서고 있는 상황이다. 그러나 주거밀집지역의 위용은 갖추지 못하고 있다. 일반적으로 아파트는 단지 1층이 지면과 붙어 있고 지상에 주로 조경면적만 있기 때문에 아파트가 밀집된 곳은 서로 연결되어 있다는 느낌이 강하다. 반면 주상복합이 들어서는 곳은 이미 5층 이상의 상가가 단절된 상태로 자리 잡고 있어 개방감이 약한 편이다. 주상복합이 밀집해 있어도 주거지역으로의 위용은 갖추기 힘들다.

참고로 달서구는 대구에서 인구가 가장 많은 자치구다. 2위인 북구가 42만 명인데 달서구 인구는 이보다 10만 명 더 많은 52만 명에 달한다. 인구수만 보더라도 주거 인프라가 얼마만큼 잘 형성되어 있는지 가늠할 수 있다. 또한 대곡지구 등 노후도가 높은 택지지구가 있기 때문에 언제든지 신축에 대한 수요가 발생할 수 있는 곳이다.

동구·서구의
특징

대구 동구 신암동과 서구 평리동은 그동안 실수요자에게 있어 선호지역은 아니었다. 이 중 동구는 동대구역 북쪽과 남쪽 그리고 이시아폴리스와 안심동 등을 포함해 행정구역 면적이 군위와 달성군 다음으로 3위일 정도로 넓은 곳이다. 동대구역 주위로는 노후 주택과 유흥 상권이 형성되어 있어 대표적인 비선호 지역으로 꼽혔다. 그러나 국내 백화점 브랜드 평판 1위 신세계백화점 대구점이 들어서면서부터 상황이 달라졌다. KTX역과 함께 교통과 쇼핑의 요충지로 부상한 것이다.

현재 동대구역 북쪽으로 1만 세대가 넘는 신암뉴타운이 들어서는 중이며 인근 효목동 정비사업과 합치면 규모는 더욱 커진

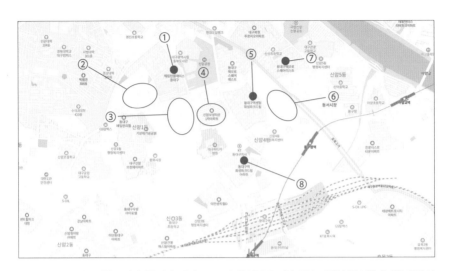

대구 동구 신암뉴타운 현황. ① 해링턴플레이스동대구(2024년 3월 입주), ② 신암9구역 조합원 분양 신청, ③ 신암4구역 시공사 선정, ④ 신암10구역 사업시행인가, ⑤ 동대구역센텀화성파크드림(2024년 3월 입주), ⑥ 동대구역하늘채 철거 신고, ⑦ 동대구해모로스퀘어이스트(2023년 1월 입주), ⑧ 동대구역화성파크드림(2023년 6월 입주) (자료: 네이버지도)

다. 해링턴플레이스동대구(1,265세대), 동대구해모로스퀘어웨스트(1,122세대), 동대구역화성파크드림(1,079세대), 동대구역센텀화성파크드림(1,458세대)은 이미 입주했으며 향후 신암1구역 분양, 신암4구역 재개발, 신암9구역 재개발, 신암10구역 재건축이 남아 있어 기대감이 높은 지역이다.

대구 서구는 염색공장, 섬유, 제조업 등 각종 공장들이 밀집한 산업단지를 인근에 두고 있다. 그동안 개발이 지연된 터라 신축 아파트가 전무했다. 그나마 신축급인 중리동롯데캐슬(1,968세대),

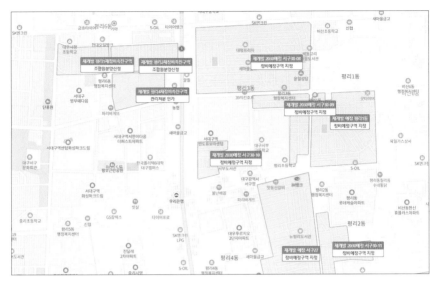

대구 서구 평리뉴타운 현황 (자료: 아실)

평리푸르지오(1,819세대), 평리롯데캐슬(1,281세대) 등은 지어진 지
15년이 되어가고 위치도 드문드문 떨어져 있어 시너지 효과를 일
으키기엔 힘이 부족했다. 비록 서구가 주거 선호도가 낮긴 하지만
중리동롯데캐슬을 보면 2010~2016년 100%에 가까운 상승률을
보인 바 있다. 즉 노후주택 일변도인 지역에서 오랜만에 들어선
신축은 희소성이 생길 수밖에 없다.

　이처럼 평리는 그동안 개발이 안 되고 있었으나 동구와 마찬가
지로 약 8,500세대의 뉴타운이 조성되면서 새로운 모습으로 변

화하고 있는 중이다. 2022년 3월 KTX와 SRT가 정차하는 서대
구역이 개통되면서 구미, 김천의 수요까지 끌어당길 수 있는 요충
지로 성장하는 기반을 다졌다.

북구의
특징

대구 북구는 달서구에 이어 인구가 두 번째로 많다. 대구역 북
쪽으로 오페라하우스가 있는 고성동과 침산동 일원, 경북대학교
와 엑스코 전시장이 있는 복현동, 산격동 일원, 지하철 3호선 종
점인 칠곡 일원으로 나눌 수 있다. 북구를 말하기 위해서는 대구
역 주위의 주상복합 이야기를 하지 않을 수 없다. 대구역 라인을
따라 약 5,600세대의 주상복합이 점차 들어설 예정이며, 대구역
일원의 상권 인프라의 발전을 기대하는 분위기다. 그러나 주상복
합을 일반 아파트와 동일하게 보면 안 된다. 대로를 따라 밀집된
형태로 지어졌다 하더라도 주거 가치가 높아질 것이라는 착각은
하지 않는 것이 좋다.
많은 사람이 주상복합이 들어서면 상권이 좋아질 것이기 때문

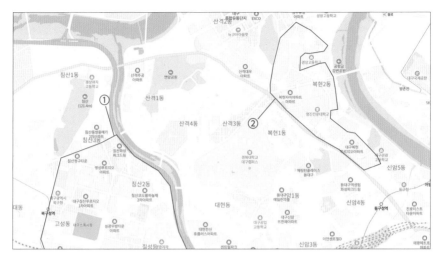

대구 북구 주거밀집지역 현황. ①은 고성동, 침산동 일원으로 약 2만 1천 세대, ②는 북현동 일원으로 약 1만 1천 세대가 있다. (자료: 네이버지도)

에 가격이 상승한다고 예측하지만, 상권이 좋아지는 것과 주거 가치가 높아지는 것은 별개의 문제다. 주거 가치가 상승하기 위해서는 주거지라는 목적성에 부합해야 한다. 조용한 환경, 유해시설이 없는 위치, 아이를 키우기 좋은 환경이 곧 좋은 주거지의 요건임을 명심하자.

일반적으로 주상복합에는 수십 개에서 수백 개에 이르는 구분상가가 있다. 이는 서울도 마찬가지지만 좋은 상권의 핵심은 결국 유동인구가 결정한다. 유동인구 없이 단순히 상가만 있다면 상권이 발달하기가 불가능에 가까워 아주 오랜 기간 공실로 남겨질 가능성이 높다.

필자가 생각하는 투자처로 좋은 부동산은 확장 가능성이 있는 물건이다. 확장 가능성은 지역 안에 신축 아파트가 추가적으로 들어설 수 있는지, 재개발·재건축으로 도시가 인근으로 뻗어갈 가능성이 있는지 등에 달려 있다. 1990년대 중반에 지어진 아파트가 많은 침산동과 고성동은 거주하기엔 좋은 지역이지만 신축이 들어서기 어렵기 때문에 투자 가치가 높지는 않다. 필자가 보기에 대구 부동산 시세를 이끌어갈 지역은 아니라고 본다. 투자는 시세를 이끌어갈 수 있는 곳을 선택해야 한다.

주목해야 할 3개 지역

대구의 상징,

수성구

　대구의 상징이라 하면 단언컨대 수성구다. 수성구에서도 손에 꼽히는 곳은 바로 범어동이다. 최고의 학군지와 학원가가 있고 법조타운과 범어네거리가 있다. 특히 우수한 학군을 품은 범어4동은 대치 은마처럼 재건축 기대감이 풍부한 곳이다. 지금도 그리고 향후에도 재건축 시장을 이끌어갈 곳이므로 주목할 필요가 있다.

수성구의 상징으로 꼽힌 법원과 검찰청의 연호지구 내 이전은 2028년 이후로 연기되었으나 결국 이전을 기점으로 상권이 침체될 수 있다. 대구시에서 이를 막기 위해 법원 후적지를 활용하고자 기업 유치에 힘쓰고 있다. 비록 법원과 검찰청 이전이라는 악재는 있지만 상권과 무관하게 기존에 탄탄하게 쌓인 학군에 미치는 영향은 거의 없다고 본다.

앞으로도 수성구를 눈여겨봐야 하는 이유는 대구 부동산의 흐름을 주도하는 지역이기 때문이다. 수성구민운동장역 앞 우방범어타운은 재건축을 통해 대구범어아이파크(938세대)가 들어선다. 재건축 초기 단계인 궁전맨션도 완공된다면 새로운 주거밀집지역으로 거듭날 것이다. 또한 범어4동 안에서도 을지맨션과 경남타운은 이미 시공사가 선정되었다. 상승한 공사비 문제에 어떻게 대응할지 지켜보면서 대구 부동산 시장의 향방을 가늠할 필요가 있다.

오늘날처럼 유동성이 축소된 시장에서는 몸집이 큰 수성구가 먼저 움직이기엔 분명 여러 제약이 존재한다. 그럼에도 대장인 수성구가 움직일지 아니면 청라언덕과 동대구역 일원의 신흥 강호들이 먼저 움직일지 지켜보면서 대구 부동산 시장의 흐름을 가늠해보자.

　수성구는 수성동3가를 포함해 40~100평대까지 대형 평수의 아파트가 상당수 자리 잡고 있다. 2008년 글로벌 금융위기 이후 대구가 상승하던 때에는 대형 평형이 시세를 주도했다고 볼 수 있다. 그런데 대형의 선호도가 높아서 시세를 주도했다기보다는 대형이 다수를 차지하고 있어서 시세에 영향을 많이 준 것으로 보는 것이 합리적이다. 투자를 안정적으로 하기 위해서는 사고가 유연해야 한다. 과거에 대형이 시세를 주도했으니 이번에도 대형이 앞설 것이라는 선입견은 버리는 것이 좋다.

　수년간 대구는 33~34평대인 84타입 위주로 공급되었다. 부동산은 결국 대중성이 있는 곳에 돈이 몰릴 수밖에 없다. 한 예로 범어3동에 위치한 e편한세상범어(842세대)는 84타입 이하 면적으로 구성되었기 때문에 수성구 진입을 희망하는 투자자가 대거 유입되어 거래량이 크게 늘었다. 한때 투자자의 성지라고 불린 e편한세상범어는 2023년 초 특례보금자리론과 저가 매수세의 유입으로 2023년 한 해 전체 세대수의 12%인 110여 건이 거래되었다. 이 중 84타입이 100건으로 대부분을 차지하고 있다. 실거주의 관점으로 투자 수요를 예측하면 곤란하다는 의미다.

　다시 한번 강조하지만 성공적인 투자를 위해서는 아파트를 매도할 때 다음 타자가 쉽게 사줄 수 있는지가 관건이다. 대형에 실거주하는 것은 정말 멋진 일이지만 팔기 좋은 상품은 아니라는 점을 알아두기 바란다.

떠오르는
뉴타운

서울 성동구 왕십리뉴타운의 변화 과정을 보았다면 뉴타운 개발이 지닌 힘을 알 것이다. 노후주택이 빽빽하게 밀집된 지역이 행정기관의 주도로 뉴타운으로 재탄생하며 5천 세대가 넘는 대단지로 탈바꿈했다. 인근에 2호선, 5호선, 수인분당선, 6호선이 있어 왕십리뉴타운은 교통의 중심지로 거듭났다. 주거 가치가 낮은 비선호 지역에 신축 아파트가 들어서면서 기반시설이 함께 정비되고 중산층이 유입되는 과정을 '상향여과'라 부른다.

비단 서울만 이런 현상이 발생하고 있는 것이 아니라, 원도심에 신축을 지을 땅이 부족한 지방 대도시에서도 비슷한 형태로 진행되고 있다. 대구의 경우 대표적으로 2개의 뉴타운이 있다. 신암뉴타운과 평리뉴타운은 둘 다 대구에서 오랫동안 거주한 사람이라면 알 만한 혹평을 받는 비선호 지역이었다. 그러다 서울 왕십리 뉴타운처럼 교통과 접목된 신도시로 변모하고 있다.

신암뉴타운은 KTX 정거장인 동대구역과 지하철 1호선, 파티마병원, 경북대학교, 신세계백화점 등 인프라를 고루 갖춘 곳이다. 비록 1군 건설사 브랜드는 아직은 들어서고 있지 않지만 대구에서 선호도가 높은 화성파크드림 브랜드가 주요 입지에 위치해 있다는 점은 플러스 요인이다. 향후 신암뉴타운은 부산 해운대구 센텀시티처럼 위상이 높아질 가능성이 높아 보인다. 센텀시티의 가격이 비싼 데는 동해남부선, 지하철 2호선이라는 교통 인프라도 있지만 연매출 2조 원에 달하는 세계 최대 규모의 신세계백화점이 역할을 톡톡히 했다. 해운대 센텀시티와 신암뉴타운은 서로 유사한 부분이 많아 추후 신암뉴타운의 성장이 기대된다.

평리뉴타운은 KTX가 정차하는 서대구역이 있으며 일자리가 많은 김천, 구미로의 이동이 용이한 곳이다. 그리고 신축 아파트 매매가와 전세가가 상당히 저렴한 수준이기 때문에 지속적인 인구 유입이 발생하고 있다. 또한 평리는 중리동, 내당동 등 두류역 인근도 지속적으로 개발되고 있어 향후 도심 확장 가능성이 풍부한 곳이다. 성장할 여지가 있다는 점은 투자자의 유입을 지속 발생시키는 촉진제로 작용된다. 필자는 평리가 김천과 구미의 베드

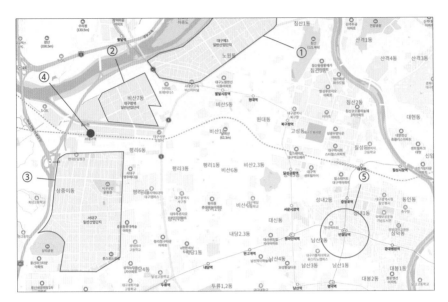

평리뉴타운의 입지. ① 대구제3일반산업단지, ② 대구염색일반산업단지, ③ 서대구일반산업단지, ④ 서대구역, ⑤ 핵심 상권이 주변에 있다. (자료: 네이버지도)

타운으로 자리매김할 것이라 보고 있다. 현재 우리는 전반적으로 인구 감소가 진행되고 있는 시대에 살고 있다. 특히 중소도시의 경우 장기적으로 소멸까지 고민해야 한다고 본다. 물론 단기간에 큰일은 벌어지지는 않겠지만 기반시설이 튼튼한 인근 대도시로 꾸준하게 유입될 가능성을 염두에 둬야 한다. 뉴타운 일대를 잘 지켜보도록 하자.

노후도시특별법

대상 지역

노후도시특별법에 따라 대구에서 칠곡, 성서, 상인, 대곡, 범물, 지산 등 여러 지역이 용적률 인센티브를 받을 가능성이 생겼다. 노후도시특별법을 주목해야 하는 이유는 혜택의 대부분이 조례에 상관없이 적용되도록 규정하고 있어서다. 용적률, 건폐율, 건축물 높이, 녹지 의무 등에서 조례에도 불구하고 혜택을 주고 있다.

아무리 재건축 행정 절차가 간소화되었고 사업을 신속히 추진하더라도 관건은 일반분양가와 분양률이다. 결국 재건축조합도 사업이기 때문에 총사업비에서 일반분양 수익을 제하고 남은 순비용을 조합원이 부담하게 된다. 이를 조합원 추가분담금이라 표현한다. 공사비 등의 지출 규모를 줄이는 방법은 제한적이기 때문에 수익을 극대화시켜야지만 추가분담금을 줄일 수 있다.

수익의 극대화는 높은 일반분양가와 분양률에 달려 있다. 입지가 좋으면 당연히 재건축이 잘 진행되는 반면, 입지가 나쁘면 수익성이 나빠 사업 진척에 어려움이 있다. 만약 시골 산골짜기에 있는 100세대의 한 아파트가 지자체의 전폭적인 지원 아래 1년 만에 재건축 사업을 진행한다고 가정해보자. 재건축을 통해

500세대를 분양할 경우 기존 조합원 숫자보다 400세대가 증가하기에 사업성은 아주 좋지만, 산골짜기라는 이유로 분양을 받을 사람이 없어 400세대라는 숫자는 의미가 퇴색된다. 이처럼 재건축은 입지가 매우 중요하다.

대구에서는 수성구 지산동, 범물동 일대와 달서구 월성동 일대를 주목해야 한다. 지산동, 범물동 일원은 그동안 오래된 아파트가 많았고 수성구임에도 이렇다 할 학군이 있는 것도 아니어서 실수요자로부터 상대적으로 소외를 받았다. 하지만 신축 아파트가 대거 들어선다면 상향여과가 발생할 것이고, 최고의 학군지인 범어4동과 직선거리가 가깝다는 이유가 주목받을 것이다.

달서구는 인구수만 보면 52만 명으로 대구에서 1위지만 신규 아파트 단지 공급에는 한계가 있다. 주요 상업지역에 주상복합이 들어서고 있지만 신규 아파트 단지는 공급되기가 어려운 구조다. 신월성 지역에 있는 아파트들은 입주한 지 15년이 지났지만 학교와 학원가가 매우 잘 형성되어 있어 여전히 경쟁력은 있다. 현재도 대구의 두 번째 학군지라는 타이틀을 유지하고 있다. 이곳에 필요한 것은 결국 신축이다. 신월성 지역 내 일부 아파트만 보더라도 대구 전체 입주물량이 상당히 많음에도 전세가 강세를 띄고 있다. 적어도 신월성 지역에는 공급이 부족하다는 뜻이다. 신축

노후도시특별법 규제 완화 항목		
구분	현행	개선
건축물 종류 제한	세분화된 용도지역별 (주거1·2·3종)로 건축물 종류 제한	용도지역별(주거·상업·공업)로 건축물의 종류 제한
건폐율 제한	조례로 국토계획법보다 제한 강화	조례에도 불구하고 국토계획법 상한 적용 허용
용적률 제한	국토계획법·조례로 상한 규정	조례에도 불구하고 국토계획법 상한의 150%까지 완화
건축물 높이제한	대지경계선: 건축법상 0.5H 인동 간격: 조례로 건축법보다 강화(0.5H→0.8H)	조례에도 불구하고 건축법 적용 허용(0.5H)
공원, 녹지확보 기준	재건축 시 세대당 2㎡ 녹지 추가	적용 배제(녹지 증식 방지)

자료: 국토교통부

공급이 없으면 자연스레 신축에 대한 수요가 적체될 수밖에 없다. 만일 구월성이라 불리는 월성2동 일대에 재건축이 진행된다면 대중은 신월성의 주거 가치가 지닌 힘을 염두에 두지 않을 수 없다.

2024년 2월 정부는 기존 용적률 한도로 인해 재건축 진행이 어려운 1기 신도시 등 노후도시를 대상으로 3종일반주거지역의 경우 최대 용적률 300%에서 150%를 늘린 450%까지 상향하는 노후도시특별법을 입법 예고했다. 법의 효과를 최대한 발휘할 수 있도록 선도지구 지정을 통해 용적률 200%가 넘는 단지들의 재건축에 박차를 가할 예정이다. 노후도시특별법이 잘 작동할지 여부는 선도지구의 역할에 달려 있다. 선도지구 지정에 대한 지자체의 고심이 깊을 것이다. 재건축 조합의 입장에서도 증가된 용적률의 40~70%까지 공공기여 비율이 적용되므로 무조건 용적률을 최대한 많이 받아 세대수를 늘리는 것만이 능사는 아닐 수 있다. 노후도시특별법에 향후 20년간 대한민국 부동산 시장의 향방이 달려 있다고 해도 과언이 아니다. 필자는 반드시 각 지역의 변화를 예의주시해야 한다고 생각한다.

마지막으로 대구시는 정부의 노후도시특별법과 별개로 산격지구, 범어지구, 수성지구, 대명지구 통개발 마스터플랜을 발표하면서 전면적인 도시 리빌딩을 발표한 바 있다. 통개발 마스터플랜은 민간 주도로 도심 내 노후 단독주택 밀집지 등을 대상으로 재개발이 이뤄지는 도시개발사업이다. 대구시는 해당 사업 대상지의 행정 권한을 기존 기초단체(구청)가 아닌 광역단체(광역시청)에게 부여하는 시조례 개정에 착수했다.

뉴타운 추진을 민간이 빠르게 진행할 수 있도록 시가 콘트롤타워 역할을 한다면 언론에 자주 언급될 수밖에 없고, 자연스럽게 대구 부동산에 대한 관심도도 높아질 것이다. 과거 전국적인 투기 열풍의 주역을 두고 8할은 부산 사람이라는 인식이 있었다. 그

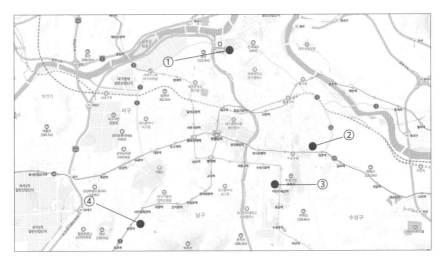

대구 통개발 마스터플랜 지역. ①산격지구, ②범어지구, ③수성지구, ④대명·송현지구 (자료: 네이버지도)

이유는 부산은 6·25 전쟁 당시 피난민이 집중 유입되면서 여기 저기 무계획적인 난개발이 판을 쳤던 곳이었기 때문이다. 도시 노후화로 다른 지역보다 한발 먼저 재개발·재건축이 활발하게 진행되었고, 부산 부동산에 대한 관심도도 자연스럽게 높아졌다. 반복적으로 부산을 거론하는 이유는 결국 대구도 부산의 전철을 밟을 가능성이 크기 때문이다. 돈은 이목이 집중되는 곳에 몰리기 마련이다.

3장

울산:
대한민국 산업수도

고소득자가 많은 울산광역시

대한민국의 산업수도 울산광역시는 직장인의 평균 급여가 전국에서 가장 높은 지역이다. 2022년 원천징수 의무자 기준 근로자 1인당 연간 총급여액은 평균 4,736만 원으로 가장 낮은 곳인 제주도 대비 1,166만 원이나 높았다. 울산의 뒤를 이어 서울은 4,683만 원, 세종은 4,492만 원, 경기는 4,281만 원이었다. 다음은 〈울산신문〉 2024년 1월 21일 기사다.

울산의 원천징수 의무자 기준 근로자 1인당 연간 총급여액은 평균 4,736만 원이었다. 이는 17개 시·도 가운데 가장 높은 수준인데, 현대자동차와 HD현대중공업, SK에너지, S-OIL, 고려아연 등 대기업이 많은 울산은 2021년(4,501만 원)에 이어 2년 연속 평균 급여가 가장 높았다.

울산이 소득이 높은 이유는 무엇일까? 울산에는 자동차, 석유화학, 조선 등 대한민국의 공업화를 앞당긴 국가 기간산업이 밀집해 있다. 대기업이 즐비해 연봉 1억 원의 고소득자가 많은 곳이다. 그럼 거주자의 소득이 높으면 집값과는 어떤 상관관계가 있을까?

통계청 인구주택총조사에 따르면 울산은 서울, 경기, 광역시 중자가점유비율이 가장 높은 곳이다. 자가점유비율이란 자신이 소유한 주택에서 살고 있는 주택의 비율 통계로 울산은 2020년 기준 63.9%로 1위를 차지했다. 울산 시민의 높은 주택구매력은 소득이 높은 이유도 있지만 주택 가격이 타지역 대비 낮다는 뜻도 내포하고 있다. 집값의 고하를 떠나서 울산은 상대적으로 안정된 직장이 많기 때문에 장기간 대출 이자를 감당할 수 있는 사람이 많음을 알 수 있다.

2020년 지역별 자가점유비율			
구분	총가구	자가점유	자가점유비율(%)
전국	20,926,710	11,989,186	57.3
7대 도시	9,194,855	4,819,735	52.4
기타지역	11,731,855	7,169,451	61.1
수도권	10,227,921	5,246,729	51.3
서울	3,982,290	1,730,671	43.5
부산	1,405,037	838,836	59.7
대구	985,816	575,671	58.4
인천	1,147,200	698,251	60.9
광주	599,217	366,301	61.1
대전	631,208	326,425	51.7
울산	444,087	283,580	63.9

자료: 통계청

울산의

인구수와 혼인율

울산의 인구수는 2015년 117만 명을 기록하고 이후 지속적으로 인구가 유출되었다. 최고 인구를 기록했던 2015년과 2023년(110만 명)을 비교하면 5대 광역시 중 부산 다음으로 인구 유출이 많았다. 조선업 쇠퇴에 따른 일자리 감소가 가장 큰 원인이었다.

부동산 시장에서 가장 중요한 것은 수요와 공급이다. 주택 수요 중에서도 실질적인 주택 구매 유효수요인지 아닌지 여부가 매우 중요하다. 비록 울산의 인구가 감소된 것은 사실이나 조선업 하도급 업체 직원의 감소가 곧 주택 구매 유효수요 감소로 이어지는 것은 아니다. 과거 호황이던 울산 동구의 원룸 시장이 조선업 침체와 함께 흔들리기 시작한 것을 보면, 유출된 인구는 임대 수요와 연결되어 있다고 보는 편이 합리적이다. 실제로 울산 동구는 월세 시세가 폭락하고 대규모 공실 사태를 겪으며 한동안 골머리를 앓았다.

특정 산업의 섹터가 좋지 않은 흐름을 보일 때 다른 섹터는 오히려 좋을 수 있다. 조선업이 좋지 않으면 자동차가 좋을 수 있고, 석유화학은 더 좋을 수도 있다. 예를 들어 유가가 올라가면 자동차 판매에 일시적으로 제약이 생길 수는 있지만 석유화학 업체의 경우 창사 이래 최대의 호황을 누리게 된다. 그렇기에 자동차, 석유화학, 조선업 중 어느 한 섹터가 어려워져 실직자가 발생하면 다른 산업에서는 구직자를 늘리는 등 서로 완충 작용을 하는 효과가 있다.

2022년 지역별 최초 주택 마련 소요년수 현황 자료를 보자. 가구주가 된 이후 생애최초로 주택을 마련하기까지 소요된 연수를

구분	3년	3~5년	5~10년	10~15년	15~20년	20년 이상
			2022년 지역별 최초 주택 마련 소요년수			
전국	40.34	8.1	19.52	14.48	7.41	10.14
전남	53.54	7.32	14.88	10.17	5.09	9
충남	50.91	7.43	16.19	11.84	5.47	8.16
경북	49.2	8.03	17.37	11.11	5.18	9.12
강원	47.75	5.01	14.91	13.15	8.58	10.6
전북	46.84	5.69	16.67	14.8	7.4	8.59
인천	46.55	8.58	18.23	12.02	6.78	7.85
광주	46.32	8.17	19.16	11.34	7.35	7.66
울산	45.85	8.08	23.03	12.66	5.1	5.28
경남	43.44	9.51	21.95	13.37	5.1	6.64
대구	41.35	7.57	20.3	15.53	6.4	8.85
충북	40.22	7.12	19.47	15.55	7.81	9.83
제주	39.88	7.31	15.59	14.98	6.95	15.29
부산	39.44	9.12	18.78	16.15	6.47	10.03
세종	37.85	13.37	20.42	15.48	5.92	6.96
대전	35.75	10.14	21.21	13.94	7.96	11
경기	33.49	7.6	21.03	16.28	9.05	12.56
서울	31.96	9.17	21.12	16.47	9.24	12.05

자료: 통계청

나타낸 통계다. 울산은 가구주가 된 지 3년 내에 주택을 마련하는 비중이 45.85%로 인천, 광주에 이어 3위에 해당한다. 해당 자료

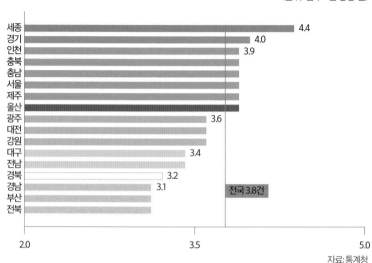

2023년 지역별 조혼인율

(단위: 인구 1천 명당 건)

자료: 통계청

를 보면 가구주가 된 이후 곧바로 주택을 마련하려는 욕구가 상
대적으로 큰 지역임을 알 수 있다. 또 생애최초로 주택을 마련하
기까지 20년 이상 걸린 비중이 전국에서 가장 낮은 것을 보면 근
로기간 중 내 집을 마련하는 비율이 높음을 알 수 있다.

또한 울산은 2023년 시도별 혼인건수에서도 두드러진 모습을
보였다. 인구 1천 명당 혼인건수를 나타내는 조혼인율 통계에서
1위 세종(4.4건), 2위 경기(4.0건)에 이어 3.9건으로 공동 3위를 기

록했다. 이는 전년(3.6건)보다 0.3건 증가한 값이다. 조혼인율이 높은 지역에서 2년 이내에 생애최초로 주택을 마련하는 비중까지 높다는 것은 안정된 삶을 영위하려 하거나, 이미 영위하고 있는 사람이 많다는 뜻이다.

안정된 삶은 양질의 직장에서 나온다. 특정 산업에 의존하는 지역의 경우 해당 산업의 구조가 뒤흔들리거나 산업의 자동화가 이뤄질 경우 실직자가 증가할 수 있다. 실직자가 늘어나면 자연스레 부동산 가격에도 큰 영향을 미친다. 서두에서 언급했듯이 울산은 산업도시다. 울산 부동산은 산업의 사이클과 밀접한 모습을 보인다. 다시 말해 상승과 하락의 주기가 비교적 짧다. 상승과 하락의 주기가 짧다는 것은 결국 내가 매도할 때 상황이 어떻게 될지 모른다는 뜻이다. 그래서 산업도시 인근 지역에 투자할 때는 상당한 주의가 필요하다.

초보 투자자에게는 산업단지 인근 도시 투자는 가급적 권하지 않는다. "직주근접 요인이 뛰어나면 실거주하기에 너무 좋지 않나요?" 하고 반문할 수 있다. 주거의 가치는 좋은 주거환경에 달려 있다. 산업단지 인근 지역은 출퇴근 거리만 짧을 뿐 그것만으로는 좋은 주거환경이라 확언할 수 없다. 왜 강남 집값이 가장 비싸겠는가? 강남역부터 삼성역까지 양질의 직장이 포진해 있어서일

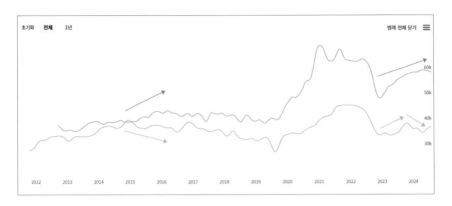

울산신정푸르지오 매매가　전하푸르지오 매매가　　(자료: 부동산지인)

까? 그것도 있지만 지하철과 가깝고, 아파트 또한 밀집되어 있기 때문에 그렇다.

　조선업의 메카 울산 동구에 위치한 전하푸르지오(1,345세대)와 울산 남구에 위치한 비슷한 연식의 울산신정푸르지오(1,280세대)를 서로 비교해보자. 두 아파트는 각각 2011년, 2012년 입주했다. 2013년을 기점으로 두 아파트 모두 동일하게 상승 흐름을 탔다. 전하푸르지오가 울산신정푸르지오의 가격을 넘어선 적도 있으나 2014년 12월을 기점으로 전하푸르지오는 하락세를 겪었다. 반면 신정푸르지오는 2016년 3월까지 상승했다. 같은 지역이지만 약 2년 정도 사이클이 어긋났다. 전하푸르지오가 2년이나 먼저 하락한 계기는 조선업이 본격적인 쇠퇴기에 접어들었기 때문이다. 조 단위의 영업손실에 따른 대규모 구조조정이 발생하면서 해당 지역에 큰 하락장이 시작되었다. 이 시기에 삼성중공업과 한화오션(구 대우조선해양)이 있는 거제도 역시 하락장을 맞이했다.

3장. 울산: 대한민국 산업수도

핵심 지역 분석하기

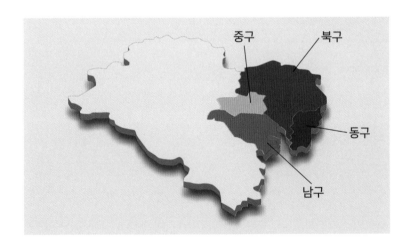

남구의

특징

울산 남구의 인구는 30만 명으로 자치구 중 가장 많다. 일급지인 문수로아이파크1·2단지(1,173세대)가 있는 옥동, 신정동은 법원과 검찰청이 있으며 우수한 학군지와 학원가를 자랑한다. 또한 옥동, 신정동 일대에는 전국에서 가장 큰 도심 공원인 울산대공원이 있어 입지적 가치를 높이는 데 한몫을 했다. 옥동, 신정동 일원을 중심으로 좌측에는 울산대학교가 있는 무거동이 있고 우측에는 울산힐스테이트수암(879세대)이 있는 수암동이 있다. 어느 지역이나 마찬가지겠지만 일반급지 사이에 최상급지가 끼어 있는 샌드위치 형태라면 좋은 인프라를 갖춘 최상급지가 수요를 계속 흡수할 수밖에 없다. 대구로 치면 범어4동이 수성구 내 수성, 황금, 만촌 등에서 수요를 흡수하는 것과 같다.

옥동, 신정동을 중심으로 주상복합인 옥동경남아너스빌ubc(320세대), 문수로푸르지오어반피스(339세대), 문수로롯데캐슬그랑파르크(193세대)가 공사 진행 중이며 인근 봉월로 라인을 따라 주상복합과 아파트가 건설될 예정이다. 주상복합 위주로 진행된다는 것은 옥동, 신정동 내에 더 이상 아파트를 지을 땅이 없다

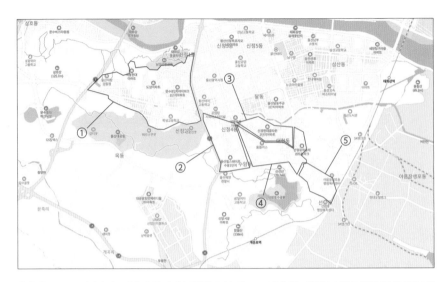

울산 남구 주요 주거지역 지도. ①은 옥동, 신정동 일원으로 약 1만 2,500세대, ②는 신정동, 야음동 일원으로 약 7,700세대, ③은 신정동 일원으로 약 6,300세대, ④는 야음동, 대현동 일원으로 약 7천 세대, ⑤는 B14 재개발 일원으로 약 4,900세대가 있다. (자료: 네이버지도)

는 의미다. 향후 재건축이 아니라면 신축이 공급되기 힘들다고 봐야 한다.

　옥동, 신정동이 울산대공원을 품고 있다면 선암호수공원을 품은 대현동도 빼놓을 수 없다. 과거 대현더샵2단지(905세대) 84타입의 경우 9억 4천만 원까지 상승한 바 있다. 구축 아파트 단지가 밀집된 대현동 일대의 유일한 브랜드 신축이자 공원을 품은 프리미엄이 가격 상승의 주요 원인이었다.

울산 남구에는 공업탑 우측으로 신정4동 내 B08 재개발 사업이 진행되고 있다. 대표적인 상향여과가 진행 중인 곳으로, 이곳이 완성되면 신축인 울산힐스테이트수암(879세대), 구축인 울산롯데캐슬골드1·2단지(2,421세대)와 시너지 효과를 낼 것이다. 대규모 주거밀집지역으로의 변모가 기대된다.

추후 울산 최초로 들어설 트램노선에도 주목해야 한다. 다음은 〈중앙일보〉 2024년 5월 16일 기사다.

수소트램(노면전차)으로 건설하는 울산 도시철도 1호선 노선과 운영 방안이 나왔다. 울산은 국내 특·광역시 중 유일하게 지하철(도시철도)이 없다. 울산시는 16일 "남구 태화강역~공업탑로터리~울산대~신복교차로 10.85km 구간에 15개 정차역으로 도시철도 1호선을 건설하기로 했다"고 밝혔다. 이에 따라 시는 오는 30일 울산박물관에서 주민공청회를 진행한다.

2026년 착공해 2029년 개통 예정이다. 지금은 이름이 바뀐 신복교차로(전 신복로터리)로부터 태화강역까지 이어져 도시를 횡단한다. 트램은 주거지역보다는 상업지역 발전에 큰 도움이 될 것으로 보인다. 왜냐하면 전철과 달리 트램은 30km/h 정도로 서행하기 때문에 출퇴근 수단으로는 활용 효과가 크지 않다. 즉 트램이라는 호재를 보고 투자를 하기보다는 울산 부동산의 사이클을 보고 투자하는 편이 타당하다.

참고로 남구에서 학업 성취도 평가가 가장 우수한 중학교는 울산서여자중학교이며 그 뒤를 학성중학교, 문수중학교가 따르고 있다. 특목고 진학률 부문에서는 학성중학교가 가장 우수한 상황이다. 고등학교는 성광여자고등학교, 학성고등학교, 삼산고등학교 순으로 학업 성취도 평가가 우수하다.

중구의
특징

중구는 울산의 구도심에 해당한다. 뉴코아아울렛이 있는 성남동을 중심으로 거대한 상업지역이 형성되어 있지만 롯데백화점과 현대백화점이 있는 남구 삼산동으로 상권이 이동하면서 쇠락을 맞이했다. 또한 태화강변을 따라 빌라, 다가구주택, 단독주택 등 노후주택 단지가 어지럽게 형성되어 있어 선호되는 주거지역은 아니다. 그만큼 신축에 대한 선호도가 상당히 강한 지역이라 볼 수 있다.

울산 중구에서는 약사동, 남외동, 유곡동이 주거선호지역인데 3개 지역의 공통점은 아파트 단지가 밀집되어 있고 발달된 학원가가 있다는 것이다. 약사동의 경우 인근 복산동과 합치면 학교만 9개가 있을 정도로 학생 수가 많다. 남구 옥동에 이어 두 번째로 큰 학원가를 자랑한다. 학교 6개가 약사래미안(1,598세대), 약사더샵(449세대), 약사아이파크(689세대)를 둘러싸고 있는 형태로 한 지역에서 초중고를 모두 보낼 수 있다는 장점이 있다. 자녀를 둔 가정의 정착률이 매우 높은 곳이다.

2000년 중반에 아파트가 들어선 중구 남외동은 신도시다. 울산종합운동장과 동천 강변이 있어 지리적으로 우수한 입지이며 중부경찰서, 보건소, 동천동강병원, 맘스여성병원이 있어 생활 인프라도 상당히 발달한 곳이다. 남외동에는 약 3,700세대 정도가 거주하고 있고 초등학교 1개, 중학교 1개가 있어 학원가도 잘 형성되어 있다. 그동안 노후주택이 다수였던 울산 중구에서 남외동이라는 신도시가 탄생하면서 새로운 수요가 지속적으로 유입되었다. 현대자동차, 현대중공업으로의 출퇴근도 용이해 전세가율이 70% 이상 유지될 정도로 거주 가치가 높은 곳이다.

유곡동은 태화동, 우정동과 더불어 혁신도시가 형성되어 있는 곳이다. 다소 아쉬운 점이 있다면 지리적인 특성상 산과 강으

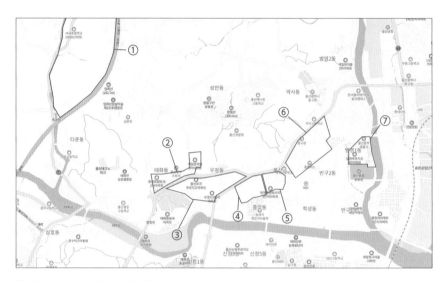

울산 중구 주요 주거지역 지도. ①은 다운지구(개발 예정)로 약 1만 2,635세대, ②는 유곡동 일원으로 약 2,750세대, ③은 우정동 일원으로 약 6,800세대, ④는 B04 재개발로 약 3,885세대, ⑤는 번영로센트리지 등 약 2,625세대, ⑥은 약사동, 복산동 일원으로 약 4,800세대, ⑦은 남외동 일원으로 약 3,450세대가 있다. (자료: 네이버지도)

로 막혀 있어 좁고 기다란 형태란 부분이다. 아파트 단지는 많이 있으나 주거밀집지역으로의 위용은 조금 떨어진다. 다만 종가로를 따라 한국석유공사, 한국동서발전, 근로복지공단 등 총 10개의 공공기관이 수도권에서 이주했고 현재 약 4천 명의 직원이 상주하고 있어 주거 수요는 꾸준한 편이다. 여러 공공기관이 이주한지 10년이 되어가지만 가족동반 이주율은 63% 정도에 그치고 있어 부정적인 시선이 있는 것은 사실이다. 하지만 이 부분도 시간이 해결해줄 문제라 생각한다.

마지막으로 울산 중구는 도시 노후에 따른 정비사업과 도시개발사업(다운지구)을 통해 새로운 모습으로 조각되고 있는 곳이다. 대표적인 재개발 구역인 중구 B05는 총 29동의 번영로센트리지(2,625세대)라는 신축 대단지로 재탄생했다. 아무리 단독 세대수가 많다고 해도 기존의 약사동 상권과 떨어져 있기 때문에 거주 가치가 다소 떨어지는 경향은 있다. 그러나 울산 중구는 노후한 주택 단지가 많아 신축에 대한 희소성이 높기 때문에 가격은 기존의 중구 대장 아파트인 약사더샵보다 높게 형성되어 있다. 상대적으로 주거 가치가 떨어지는 것은 맞지만 신축 프리미엄으로 잘 방어하고 있다고 볼 수 있다. 인접한 재개발 진행 구역인 중구 B04에 4천 세대가 넘는 대규모 신축 아파트가 들어서면 추후 주거 가치는 더욱 상승할 것이다. 도심 속에 생성되는 대규모 단지가 과연 기존 아파트에 어떤 영향을 미칠지 몹시 궁금하다.

참고로 중구에서 학업 성취도 평가가 가장 우수한 중학교는 울산제일중학교이며 그 뒤를 유곡중학교, 성안중학교가 따르고 있다. 특목고 진학률 부문에서는 유곡중학교가 가장 우수한 상황이다. 고등학교는 성신고등학교, 다운고등학교, 울산중앙고등학교 순으로 학업 성취도 평가가 우수하다.

북구의

특징

    울산 북구는 현대자동차와 기타 자동차 부품회사 등이 입주해 있는 산업도시 울산을 지탱하는 대표적인 주거지역이다. 경주시 경계에 있는 매곡중산지구와 달천지구부터 울산공항 맞은편에 위치한 송정지구, 화봉지구, 진장·명촌지구까지 일자리가 풍부한 산업단지와의 접근성을 위해 조성된 택지지구 위주로 형성되어 있다. 이 중 가장 선호되는 곳은 가장 최근에 조성된 송정지구다. 택지지구 모양이 정방향으로 반듯하고 약 7천 세대의 아파트 단지들이 자리 잡고 있어 현재까지도 상업지역이 계속 발전하고 있다.

    무엇보다 송정지구가 가장 선호되는 이유는 30년이 되어가는 화봉지구 바로 옆에 위치해 있기 때문이다. 노후화된 화봉지구의 수요가 유입되어 큰 틀에서 보면 상향여과라고 볼 수 있다. 신도시의 단점은 입주 초기 상권이 부족해 생활상 불편함이 따른다는 것인데, 바로 인근에 잘 발달한 화봉동 상권이 있어 이 부분이 상쇄되었다. 이런 점으로 인해 지난 울산 부동산 상승장 때 100% 상승률을 기록했을 정도로 선호도가 높았다.

    울산 북구는 LH 주도로 조성된 택지지구가 있는 반면, 민간조

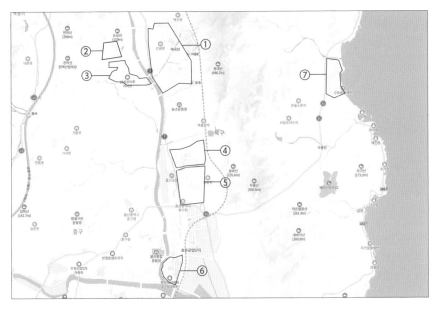

울산 북구 주요 주거지역 지도. ①은 매곡중산지구로 약 1만 8,800세대, ②는 천곡지구로 약 7천 세대, ③은 달천지구로 약 1만 9,100세대, ④는 송정지구로 약 6,800세대, ⑤는 화봉지구로 약 6,200세대, ⑥은 명촌지구로 약 4,400세대, ⑦은 강동산하지구로 약 4,700세대가 있다. (자료: 네이버지도)

합에서 추진한 택지지구도 있다. 민간조합에서 조성한 택지지구는 기획 단계부터 미흡할 수밖에 없기 때문에 투자를 할 때 주의가 필요하다.

필자가 생각할 때 좋은 주거지역은 쾌적하고 조용하며 안전한 곳이다. 그래서 다운타운 및 제조업 공장이 있는 산업단지와는 일정 거리를 유지해야 한다. 주거지역은 '주거'의 목적을 잘 달성할 수 있을 때 비로소 진가가 드러나며 가치가 높아진다. 향후 입지 분석을 할 때 이 부분을 잘 고려한다면 많은 도움이 될 것이다.

참고로 북구에서 학업 성취도 평가가 가장 우수한 중학교는 농소중학교이며 그 뒤를 매곡중학교, 상안중학교가 따르고 있다. 특목고 진학률 부문에서는 강동중학교가 가장 우수한 상황이다. 고등학교는 울산외국어고등학교, 화봉고등학교, 달천고등학교 순으로 학업 성취도 평가가 우수하다.

동구의
특징

울산 동구는 현대중공업, HD현대미포, 한국무브넥스가 있는 산업수도 울산을 대표하는 지역이다. 과거 조선업이 호황일 때 서부현대패밀리(3,027세대) 등 인근 구축 아파트를 기숙사로 쓰면서 전월세 수요가 상당히 높았다. 그러나 조선업이 사양산업으로 접어들자 인력이 대거 떠나게 되었고 집값도 함께 추락했다.

울산 전체가 산업도시에 해당하지만 그중에서도 동구는 특히

한 산업군에 대한 의존도가 크다. 그만큼 해당 산업의 섹터가 좋지 못하면 부동산 경기도 함께 안 좋아질 수밖에 없다. 필자는 부동산을 분석할 때 최우선적으로 지리적인 관점이 중요하다고 생각한다. 대구처럼 지역 간 연계성이 우수한지, 아니면 바다나 산 등으로 단절된 곳인지 여부에 대해 종합적으로 분석해야 한다.

울산 동구는 삼면이 바다로 쌓여 있고 대부분 산지이기 때문에 북구, 중구, 남구와 단절되어 있으며 평지에 대규모 주거지역이 생기기 어려운 구조다. 그래서 울산 동구는 아파트 단지가 밀집하기 어렵다. 전하동은 3,400세대 규모의 소위 '빅3'라고 불리는 전하아이파크(991세대), e편한세상전하(1,475세대), 울산전하푸르지오(1,345세대)에 대한 선호도가 높았다. 이 빅3의 아성은 현재는 울산지웰시티자이(2,687세대)로 넘어간 상태다. 그만큼 울산 동구는 대단지 신축이 귀한 곳이다. 하지만 신축이 귀하다 해서 반드시 투자하기 좋은 것은 아니다. 살기 좋은 것과 투자하기 좋은 것은 전혀 별개의 문제다.

투자에서 가장 중요한 것은 매도가 용이한지 여부다. 울산 동구처럼 단절된 곳은 외부에서 유입되는 수요가 적을 수밖에 없다. 즉 부동산 투자의 가장 큰 리스크 중 하나인 손바뀜에 대한 문제가 남아 있다. 투자 수요가 계속 유입될 것인지, 남들도 좋게 볼

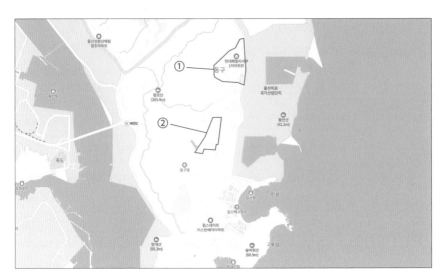

울산 동구 주요 주거지역 지도. ①은 서부동 일원으로 약 1만 200세대, ②는 전하동 일원으로 약 4만 6,550세대가 있다. (자료: 네이버지도)

지역인지를 끊임없이 고민할 필요가 있다. 부산 사하구 다대포, 강서구 명지, 그리고 거제시는 울산 동구처럼 삼면이 자연(바다, 강)으로 쌓여 있는 지역이다. 이 부분에 대해 깊게 고민해보자.

참고로 동구에서 학업 성취도 평가가 가장 우수한 중학교는 현대청운중학교이며 그 뒤를 화암중학교, 남목중학교가 따르고 있다. 특목고 진학률 부문에서는 남목중학교가 가장 우수한 상황이다. 고등학교는 현대청운고등학교, 방어진고등학교, 대송고등학교 순으로 학업 성취도 평가가 우수하다.

주목해야 할 3개 지역

주상복합의
생존 여부

그동안 울산은 주상복합의 무덤이라 불렸다. 번영로, 태화강변 등에 위치한 주상복합은 외관은 정말 멋지지만 10여 년 전 분양가보다 현재 시세가 오히려 낮은 경우도 적지 않다. 울산의 주상복합은 왜 이렇게 오르지 못했을까? 필자는 주상복합의 본질적인 목적을 잘 헤아려야 한다고 생각한다. 일반적으로 수도권에서 주상복합을 광고할 때 주로 고급성, 편의성, 접근성 세 가지 요소를 강조한다.

1. 주거 상품이 고급화되어 있는가?
2. 병원, 카페, 음식점 등 주상복합 내 상가 구성이 다양한가?
3. 지하철역이 인근에 있어 대중교통 접근성이 뛰어난가?

이렇게 세 가지 요소만 검토하면 주상복합의 투자 적정성에 대해 쉽게 판단할 수 있다.

첫 번째로 고급화 여부는 대부분의 주상복합의 경우 200세대 내외로 지어지기 때문에 분양 흥행을 위해서라도 당연히 따라오는 부분이다. 건설사에서도 분양을 위해 상품성을 높일 수밖에 없기 때문에 이 부분은 따로 확인하지 않아도 된다.

두 번째는 주상복합 내 상가 구성이 훌륭한지 확인하는 것이다. 주상복합 내 근린상가는 상업지역 안에 있음에도 상당 부분 공실인 경우가 많다. 경기 침체로 인해 기존 대로변 상가도 좋지 않은데 애써 안으로 들어가야 하는 주상복합 내 근린상가의 경쟁력이 좋을 리 없다.

마지막 세 번째는 대중교통인 지하철과의 접근성 여부다. 투자 판단을 내릴 때 이 부분이 가장 중요하다. 우선 서울의 경우 대표적으로 좋은 직장이 밀집되어 있는 강남역과 지하철로 얼마나 걸리는지가 수요와 가격을 결정하는 중요한 요소다. 여기서 '좋은 직장'이라는 단어를 썼는데, 주상복합은 고급 상품이기 때문에 소득 수준이 높은 사람이 주요 타깃이다. 그럼 지방 광역시에 과연 좋은 직장이 얼마나 있을까? 고급화된 주상복합에서 살 만큼 소득이 좋은 직장이 주변에 있는지 살펴보면 답이 나온다. 지하철이 있더라도 좋은 직장이 적다면 주상복합의 가치는 퇴색된다. 좋은 직장이 있더라도 지하철이 없으면 마찬가지로 주상복합의 가치는 퇴색된다.

그럼 울산의 주상복합 시장은 어떨까? 그동안 울산은 주상복합의 무덤이었다. 주상복합은 일반적으로 아파트가 상승장일 때 부지를 매입하고 짓게 된다. 부동산 경기가 좋기 때문에 건설사에서는 당연히 고분양가로 책정하며, 건설 부지가 좁아 부지 매입 기간이 아파트 대비 상대적으로 짧아 한 지역에서 몰아치듯이 분양한다.

주상복합에 대해 여러 차례 비관적으로 이야기했는데 그렇다고 주상복합이 무조건 나쁜 것만은 아니다. 투자환경은 얼마든지

기존 주상복합 지역(약세)과 새로운 주상복합 지역(최상급지)

변할 수 있다. 성공적인 투자를 위해선 유연한 사고방식을 가지는 것이 필수 덕목이다. 생각의 틀을 깨서 대중교통 '접근성'이라는 한계에서 탈피한 주상복합이 있다면 어떨까? 이렇게도 생각해볼 필요가 있다. 바로 입지가 좋은 곳, 최상급지에 위치한 주상복합이라면 대중교통이 큰 의미가 없다. 이미 입지가 좋기 때문이다. 좋은 입지에 위치해 있다면 굳이 교통이라는 부분을 강조하지 않아도 수요를 폭넓게 흡수한다. 인근에 선호하는 아파트 단지까지 있다면 동일한 주거 인프라를 함께 누릴 수 있어 주상복합의 여러 단점을 모두 상쇄하게 된다.

따라서 울산의 최상급지인 옥동, 신정동 일대 주상복합의 움직임을 지켜볼 필요가 있다. 브랜드 아파트보다 가격대가 저렴하지만 입지가 동일하다면 고분양가라는 인식 자체가 사라지기 때문에 아파트 시장과 흐름이 비슷하게 흘러갈 가능성이 높다. 그동안 울산 최상급지에는 주상복합이 없었다. 그러나 2022년 울산문수로두산위브더제니스(256세대)를 기점으로 2026년 문수로푸르지오어반피스(339세대)와 문수로롯데캐슬그랑파르크(193세대)가 들어설 예정이다. 과연 주상복합의 무덤이라고 불리는 울산에서 최상급지에 들어서는 이들 주상복합의 움직임이 어떻게 펼쳐질지 귀추가 주목된다.

신도시 송정지구의
전월세 물량

울산 북구 울산공항 맞은편에 신도시 송정지구가 있다. 민간 아파트만 4,500세대이고 LH 임대아파트를 합치면 대략 6,500세대

| | 매매 | 전세 | 월세 | 증가순 △ 감소순 ▽ |

2024년 8월 5일 기준

2024년 1월 1일 ▼ [10일전] [1일전] [2일전] [3일전]

[시도] 시구군 읍면동

1위	울산	**-46.7%**
	일별 매물현황	2,605건 > 1,391건
2위	인천	**-40.0%**
	일별 매물현황	8,240건 > 4,947건
3위	광주	**-34.4%**
	일별 매물현황	3,501건 > 2,299건
4위	충남	**-30.9%**
	일별 매물현황	5,067건 > 3,503건
5위	전북	**-29.7%**
	일별 매물현황	1,967건 > 1,384건

아실에서 살펴본 시도별 전세 매물 감소 순위(2024년 8월 5일 기준, 2024년 1월 1일과 비교)

정도의 엄청난 규모를 자랑한다. 울산에서 눈여겨봐야 할 곳으로 송정지구를 거론한 이유는 향후 울산의 전세가 상승의 척도이기 때문이다.

신도시 탄생의 목적은 주택 매매 시장과 전월세 시장이 안정될 수 있도록 물량을 공급하기 위함이다. 그런데 신도시의 전월세 매물이 급감한다면 과연 어떻게 될까? 현재 울산은 전국에서 전세 매물 감소가 가장 두드러진 곳이다. 2024년 8월 5일을 기준으로 2024년 1월 1일 대비 전세 매물 감소 순위에서 1등을 차지하고 있다. 2위는 인천, 3위는 광주다.

실제로 전세물량이 거의 없다. 인터넷에서 송정지구 내 주요 아파트의 전세물량을 검색해보면 노출되는 매물이 상당히 적다. 살기 좋은 신도시에 전세 매물이 거의 없다는 것은 무슨 뜻일까? 본질적인 이유는 현재 울산 지역의 전세 수요가 다른 지역보다 훨씬 높기 때문이다. 전세 수요가 높다는 것은 두 가지 이유가 있다. 첫 번째는 매매가 하락이 걱정되어 매매보다 전세를 선택하는 비율이 높은 것이고, 두 번째는 경기 침체로 인해 사람들이 지갑을 닫아 이사를 가기보다 눌러앉는 것을 택한 비율이 증가했다는 것이다. 이러나저러나 전세 매물에 대한 희소성이 생기면 당장은 아니더라도 매매가 상승을 유발하는 에너지가 축적된다.

주택 시장을 안정시켜야 할 송정지구가 전세물량 품귀 현상으로 제 역할을 못하면 결국 전세 수요는 도심으로 퍼질 가능성이 농후하다. 여러 이유로 현재 전세를 선택하는 사람이 많은 가운데 2024년 전세물량이 상당히 감소하면서 향후 울산의 전세가는 상승할 가능성이 매우 높다. 물론 전세가가 높더라도 수요가 따라주지 못하면 소용없지 않느냐고 반문할 수 있다. 전국에서 울산의 평균 소득 수준이 가장 높다는 점을 상기해보자. 전세 시장은 100% 실거주 목적이기 때문에 거주 비용을 지불할 능력이 되는 사람이 많다는 것은 큰 장점으로 작용한다. 시장에서 형성된 공급가를 수용할 수요가 많다는 의미이기 때문이다.

향후 울산 송정지구에 전세 매물이 비약적으로 증가하지 않는 다면 전반적으로 울산 부동산 시장에 전세가 강세장이 찾아올 가능성이 높다. 울산 부동산 시장의 전망을 알 수 있는 지표이니 잘 지켜보도록 하자.

노후도시특별법과
울산

부산과 대구를 다룰 때 노후도시특별법이 광역시 부동산의 판도를 뒤흔들 만한 중요한 이슈임을 강조한 바 있다. 과거에도 그렇지만 현재도 건설사의 제1의 목적은 영리 추구다. 제한된 부지에서 최대의 세대수를 뽑으려고 한다. 광역시 A급지 10층 이상 구축은 그 당시 기준으로 이미 용적률을 최대로 사용했기 때문에 연식이 30년이 넘어도 남아 있는 용적률이 없어 재건축을 추진하

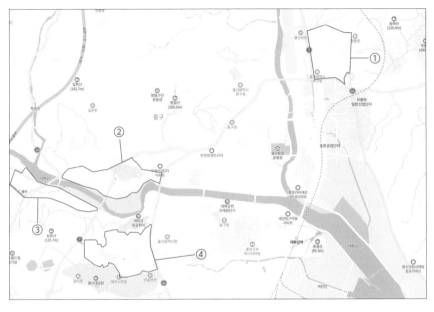

노후도시특별법 적용이 기대되는 ①화봉, ②태화, ③삼호, ④옥동 일대

기 매우 어려운 구조였다. 하지만 이 문제는 2024년을 기점으로 해결되었다.

울산은 화봉, 태화, 삼호, 옥동 일대가 노후도시특별법 적용 가능성이 있는 지역이다. 이 중 화봉지구를 주목해야 한다. 앞서 언급한 신도시 송정지구 바로 옆이며 1990년대 초중반에 지어진 구축이 상당히 많은 곳이다. 화봉동에 위치한 구축은 100% 초반대로 용적률이 낮기 때문에 울산시 조례상 2종일반주거지역 기준에 의거해 용적률을 210%에서 최대 250% 사이로 부여받아도 사업성은 충분하다고 볼 수 있다. 다만 고도 제한에 걸린다는 단점은 있다. 이 부분은 현재 서울시에서 먼저 나서서 국제민간항공기구(ICAO)에 고도 제한 관련 국제 기준을 개정해달라고 건의한 상태다. 만약 수용된다면 2025년 이사회 의결을 거쳐 2028년부터 개정될 예정이다.

재건축 사업의 핵심은 수익을 높여서 조합원의 추가분담금 부담을 감소시키는 것이다. 그러려면 세대수를 증가시키거나 높은 분양가로 분양을 해야만 한다. 우수한 입지에 이번 노후도시특별법까지 적용되어 용적률이 올라간다면 조합원의 추가분담금은 크게 감소할 것이고 사업성은 매우 좋아질 것이다. 예상보다 사업성이 더 좋아지면 대형 평수를 넣거나 고급화하는 전략도 선택할 수 있다.

우수한 입지에 주목해야 한다. 옥동 일대의 구축이 유력한 후보가 될 수 있다. 옥동, 신정동 일대에는 학교만 10개가 있고 울산 최대의 학원가가 있다. 또한 법원, 검찰청, 대형 병원이 인근에 있어 고소득 전문직이 많아 고가 아파트 수요가 풍부하다.

앞서 옥동, 신정동 일대의 주상복합을 주목하라고 이야기한 바 있다. 이 일대에는 당분간 신규 아파트 단지가 공급되기 어려운 구조여서 그렇다. 신축인 주상복합도 아파트와 마찬가지로 희소성의 원리가 작용될 수 있다. 이렇게 신축 아파트가 귀한 곳이기 때문에 신축 아파트가 될 수 '있는' 상품도 귀해질 수 있다. 지켜보도록 하자.

4장
대전:
충청권의 핵심 지역

세종시, 청주시와 함께 보는 대전광역시

대전광역시는 세종시, 청주시와의 지역 연계성이 매우 큰 지역이다. 연계성이 크다는 것은 한 도시의 입주물량이 타 도시에 미치는 영향력이 크다는 의미이며, 이를 통해 신도시 입주물량의 파급 효과를 알 수 있다. 대전은 2010년에 1만 1천 세대, 2011년에 1만 3천 세대가 공급되면서 조정장에 진입했고 2014년부터 2018년까지 세종시에 약 7만 5천 세대가 입주하면서 큰 영향을 받았다. 이 기간 동안 대전의 상징인 둔산동 크로바(1,632세대)의

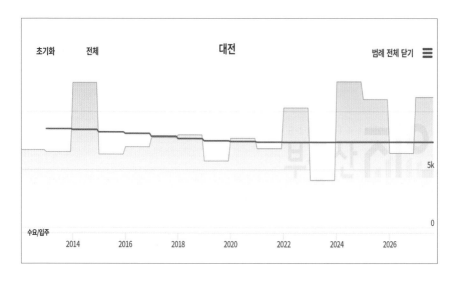

경우 2010년부터 2017년까지 고작 12% 상승에 그쳤다. 그만큼 대전에서 매우 근접한 거리에 탄생한 세종이라는 신도시의 위력이 얼마나 대단했는지 알 수 있다. 이후 세종과 대전의 점진적인 입주물량 감소에 따라 그동안 눌려 있었던 에너지가 한꺼번에 분출되듯이 2018년부터 2021년까지 크로바는 171% 상승이라는 경이로운 기록을 달성했다.

대전은 대전 내부의 입주물량도 중요하지만 세종시와 청주시의 입주물량을 함께 보는 것도 중요하다. 지방 광역시는 투자자보다는 실수요자 위주로 시장이 돌아가기 때문에 공급량이 과다하면 하락하고 공급량이 적어지면 상승하는 현상이 늘 반복되어 왔다. 물론 입주물량은 상대적인 개념이기 때문에, 외지 투자자 유입이 많았던 부산의 경우 2013년부터 2017년까지 4~5년 동안 매년 2만 6천 세대가 공급되었지만 부산 부동산의 상승장을 막지는 못했다. 입주물량만으로는 시장을 예측할 수 없는 것이다. 하지만 입주물량에 따른 가격 민감도가 큰 지역이라면 추후 입주물량이 증가하는 추세인지, 감소하는 추세인지에 따라 대중의 심리가 달라진다. 그래서 입주물량은 특정 지역에 한해 좋은 지표로 활용할 수 있다.

향후 대전에서 세종과 청주를 잇는 CTX(충청권 광역급행철도)가 추진된다면 대전과 세종시, 청주시의 지역 연계성은 더욱 커질 것으로 보인다. 정부는 CTX를 두고 2028년 착공, 2034년 개통이라는 목표를 밝힌 바 있다. 아직 밑그림을 그리는 단계고 정부대전청사에서 정부세종청사, 조치원, 오송역을 거쳐 청주도심을 지나 청주국제공항까지 연결되는 노선도 사업 추진 과정에서 변동될 수 있다. 만일 계획대로 개통된다면 정부대전청사에서 정부세종청사까지 15분, 오송역에서 충북도청까지 13분, 정부대전청사에서 청주국제공항까지 53분 만에 이동할 수 있다.

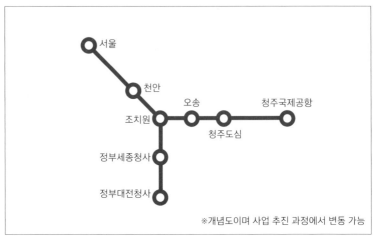

CTX 노선 개념도

서울
천안
오송　　청주국제공항
조치원
청주도심
정부세종청사
정부대전청사

※개념도이며 사업 추진 과정에서 변동 가능

자료: 국토교통부

대전의 인구와
주택 노후도

대전의 인구는 144만 명으로 부산(328만)과 대구(237만)에 이어 5대 광역시 중 3위에 해당한다. 신도시 세종시로의 인구 유출과 함께 2013년 153만 명을 찍고 하향세로 접어들어 10여 년간 인구가 6% 감소했다.

대전의 주요 특징으로는 개인소득과 경제활동 참가율이 높

구분	인구수 (명)	순위	1인당 개인소득 (천 원)	순위	경제활동 참가율 (%)	순위	맞벌이 비율 (%)	순위	주택 보급률 (%)	순위
서울	9,386,034	1	26,112	1	63.4	2	41.2	3	93.7	7
부산	3,293,362	2	22,577	5	59.5	7	38.6	5	102.6	3
인천	2,997,410	3	22,406	6	64.9	1	44.7	2	97.9	5
대구	2,374,960	4	22,368	7	60.2	6	41.2	3	101.4	4
대전	1,442,216	5	24,220	3	62.9	3	45.0	1	97.2	6
광주	1,419,237	6	23,669	4	62.8	4	45.0	1	105.2	2
울산	1,103,661	7	26,066	2	61.1	5	40.7	4	108.4	1

2022년 지역별 소득과 경제활동 현황

자료: 통계청

고, 특히 맞벌이 비율을 보면 45%로 전국에서 가장 높음을 알 수 있다. 이 부분을 통해 대전에 안정된 일자리가 많고 근로활동이 가능한 인구가 많음을 추론할 수 있다. 또 근로활동이 가능한 20~50대 연령대 비율은 대전 인구의 59%를 차지하고 있다. 54%인 부산과 비교하면 부산의 노령화가 좀 더 심각함을 알 수 있다.

대전은 일자리가 풍부해 울산과 비교하기 좋은데, 1인당 개인소득은 울산에 비해 낮지만 맞벌이 비율은 전국에서 가장 높고 가구소득과 주택 구매력 역시 상위권에 속한다. 그런데 대전의 주택보급률을 보면 97.2%로 광역시 중 가장 낮은 상황이다. 대구, 부산, 울산은 신도시, 정비사업 등을 통해 신축이 꾸준히 공급되었던 반면 대전은 입주물량이 적정선에서 유지되면서 도시 노후화가 빠르게 진행되고 있다. 향후 노후도시특별법에 따른 대전의 변화가 무척이나 궁금해지는 대목이다.

다음은 〈대한경제〉 2023년 11월 15일 기사다.

전국에서 주택 수에 비해 노후도가 가장 심각한 곳은 서울인 것으로 나타났다. 서울은 아파트 총 181만 9,648가구 중 15년 이상 된 아파트가 136만 4,743가구로, 전체 중 75%에 달했다. (…) 수도권 이외의 지방 역시 노후 주택 문제가 심화하고 있다. 지방에서는 준공 후 15년 이상 된 노후 아파트가 대전에 가장 많은 분포돼 있는 것으로 나타났다. 대전이 노후 아파트 비중이 73.71%로 지방에서 가장 높았고, 다음으로 △광주 71.91% △전북 70.02% △부산 67.61% △강원 67.59% △울산 67.04% △대구 66.75% 등으로 집계됐다.

전국에서 주택 수에 비해 노후도가 가장 심각한 것은 서울이었다. 그리고 광역시 중 주택 노후도가 가장 높은 곳은 바로 대전이다. 기사에 따르면 일반적으로 주거 선호도가 높은 지역일수록 노

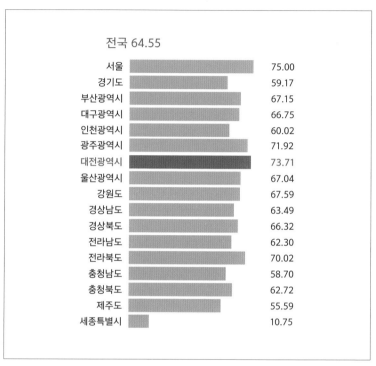

2023년 11월 14일 기준 전국 노후(15년 이상) 아파트 비율

(단위: %)

전국 64.55

지역	비율
서울	75.00
경기도	59.17
부산광역시	67.15
대구광역시	66.75
인천광역시	60.02
광주광역시	71.92
대전광역시	73.71
울산광역시	67.04
강원도	67.59
경상남도	63.49
경상북도	66.32
전라남도	62.30
전라북도	70.02
충청남도	58.70
충청북도	62.72
제주도	55.59
세종특별시	10.75

자료: 부동산R114

후 아파트 비중이 높게 나타났다. 대전의 서구, 울산의 남구, 부산의 해운대구가 지역 내에서 노후도가 심각한데 이들의 공통점은 학군, 학원가가 잘 형성되어 있고 신축의 희소성이 높아 가격이 비싸다는 점이다.

주거 선호도가 높은 지역을 만들기 위해선 도시개발계획 수립, 실행 단계도 중요하지만 한 지역이 성숙하기까지 필요한 것은 결국 오랜 시간이다. 제대로 구획된 택지구역을 만들고 학교와 관공서를 중심으로 아파트 등 주택이 들어서고 지역민이 더 이상 이탈하지 않고 초중고 졸업생을 지속 배출해야 한다. 이러한 선순환이 이뤄지면 해당 지역은 대중의 뇌리에 정주여건이 좋은 지역으로 인식된다. 사람과 시간에 의해 역사가 생겨났기 때문이다.

일반적으로 계획도시는 마스터 플랜대로 움직이며 택지가 조성되고 도시가 완성되면 아파트가 들어설 부지는 사라지게 된다. 그리고 또 언젠가는 도시가 낡게 되면서 신축에 대한 희소성이 생기고, 인근 지역에 신축이 들어서면 기존 생활권역을 벗어나더라도 이동하는 세대가 생긴다. 이런 순환 과정을 겪으면서 기존 택지의 주택 노후도는 점점 심해지기 때문에 전세가가 오르기 어려운 구조가 되고 원주민이 이탈하면서 소득이 낮은 계층이 들어오게 된다. 이런 과정을 하향여과라고 한다.

다시 대전의 이야기로 돌아오자. 서구 둔산동에 더 이상 신축이 들어설 땅이 없기 때문에 2023년 8월 분양한 재건축 아파트 둔산자이아이파크(1,974세대)의 평균 청약 경쟁률은 58.46:1에 달했다. 부동산 하락기임에도 상당히 높은 수치를 기록했다. 신축의 희소성이 시장에 얼마나 크게 작용하는지 알 수 있는 대목이다. 이처럼 대전은 주택 노후도가 점점 심화되는 상황임에도 세종시에 공급된 상당수의 신축 물량이 시장을 안정화시키는 역할을 했다. 하지만 세종시의 입주물량이 감소하고, 도안신도시 일대 입주장이 종료됨에 따라 대전의 상승 에너지가 촉진되는 결과를 야기했다. 보통 한 지역의 부동산 가격이 상승하기 위해서는 중심지부터 외곽까지 훈풍이 번져나가야 한다. 중심지가 오르지 못하면 상승이 지체될 것이라는 의미다. 만일 둔산동 주위로 신축 공급이 꾸준하다면 대전의 가격 상승 시기는 다소 지체될 수 있다.

핵심 지역 분석하기

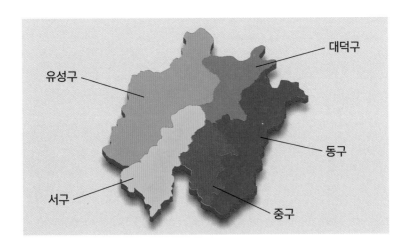

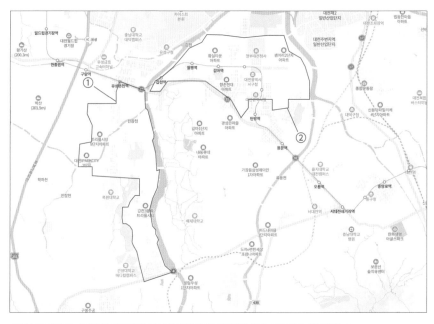

대선 서구 ① 도안지구(약 3만 2천 세대), ② 둔산지구(약 4만 9천 세대) 일대 지도 (자료: 네이버지도)

서구의

특징

  대전 서구의 행정구역명에는 서쪽(西)이라는 단어가 들어가지만 실질적으로 대전 중심부에 위치하고 있다. 서구 둔산동에는 정부대전청사와 중앙행정기관인 관세청, 조달청, 병무청 등이 있어 국가 중추 행정도시로 계획되어 꾸준히 성장했다. 둔산동은 계획도시답게 지하철 1호선이 주요 상업지역과 주거지역을 관통하며 지나가기 때문에 아파트 연식은 오래되었으나 사람들이 떠나지 않고 머무르는 지역이다. 소위 말하는 정주여건이 우수한 지역으로 인구 46만 5천 명으로 대전에서 1위를 차지하고 있다.

대전 서구에는 2개의 신도시가 있다. 하나는 둔산신도시이고, 다른 하나는 도안신도시다. 둔산지구는 노태우 정권 당시 1기 신도시와 함께 개발된 곳으로 대전의 강남으로 불리는 곳이다. 최고의 학군지이자 최대의 학원가를 자랑한다. 참고로 학원가가 잘 형성되기 위해서는 두 가지가 필요하다. 첫째, 학교의 수가 많아야 한다. 학교의 수가 곧 학생의 인원수다. 대전 시청역을 중심으로 반경 1km 내에 학교만 8개가 있고 둔산지구 전체로 따지면 25개가 넘는다. 둘째, 대형 학원이 들어설 수 있는 빌딩이 즐비한 상업지역이 필요하다. 학원의 시스템이 잘 돌아가기 위해서는 학생과 강사 수가 많아야 하고 이들을 수용하기 위한 넓은 공간이 필요하다. 이 두 가지를 모두 갖춘 곳은 학군지로 성장할 수 있는데 대표적으로 대구의 수성구 범어4동, 울산의 남구 옥동, 부산의 해운대 좌동, 광주 남구 봉선동, 대전의 서구가 있다.

둔산동이 포화되면서 새로 개발된 신도시가 있다. 바로 도안신도시다. 서구 도안동, 유성구 봉명동, 상대동 일원에 조성되고 있

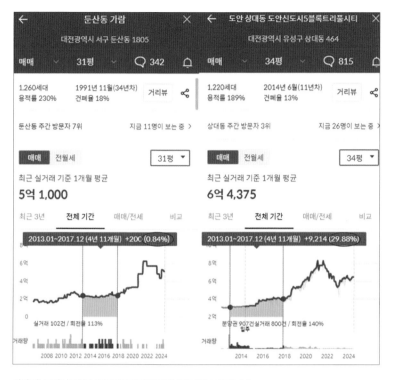

가람(좌), 도안신도시5블록트리풀시티(우) 가격 추이 (자료: 호갱노노)

으며 현재도 개발이 진행되고 있는 도시다. 3단계까지 조성이 끝

나면 대전에서 두 번째로 큰 신도시가 될 예정이다. 도안신도시

의 특징이라 하면 상대동 도안신도시5블록트리풀시티(1,220세대)

이야기를 하지 않을 수 없다. 2014년부터 세종의 입주장이 시작

되면서 대전 부동산 시장은 침체기에 빠졌다. 그 여파로 둔산동

가람(1,260세대) 31평의 경우 2013년 1월부터 2017년 12월까지 5년간 상승이 거의 없었으나, 도안신도시5블록트리풀시티의 경우 동일 기간 약 30% 상승했다.

여기서 두 가지 사실을 알 수 있다. 하나는 신축에 대한 수요가 강력하다는 것이고, 다른 하나는 노후화된 둔산지구의 대체지가 필요하다는 것이다. 도안신도시는 지하철역인 유성온천역을 바로 끼고 있지 않아 초역세권이라 하긴 어렵지만 도안신도시5블록트리풀시티와 시청역 간 물리적인 거리는 차로 15분으로 짧은 편이기 때문에 둔산지구의 대체지로 성장하기 충분했다. 도안신도시의 입주가 진행되면서 둔산지구 부동산 가격 상승이 지체된 바 있다. 그럼 추후 도안신도시와 같은 역할을 누가 하게 될까? 이 부분에 대해 고민해보면서 대전에 대해 좀 더 깊게 파헤쳐보기를 권한다.

참고로 서구에서 학업 성취도 평가가 가장 우수한 중학교는 대전삼육중학교이며 그 뒤를 대전갑천중학교, 대전삼천중학교가 따르고 있다. 특목고 진학률 부문에서는 대전삼육중학교가 가장 우수한 상황이다. 고등학교는 대전외국어고등학교, 서대전고등학교, 대전둔산여자고등학교 순으로 학업 성취도 평가가 우수하다.

유성구의
특징

대전 유성구는 면적이 가장 넓고 서구 다음으로 인구가 많은 자치구다. 충남대학교, 한국과학기술원, 국립한밭대학교가 있으며 일자리가 많은 대덕연구개발특구가 위치해 있다. 또한 군 관련 교육시설, 병원시설 등이 밀집해 있는 자운대가 있어 기본적으로 인구가 뒷받침되어 있다. 대전의 인구가 매년 감소하고 있는 반면 유성구는 매년 성장하고 있는 상황이다. 근 10여 년간 서구와 걸쳐 있는 도안신도시, 학하지구, 노은지구가 개발되면서 인구가 유입되었다.

앞서 서구에 대해 설명할 때 도안신도시가 둔산지구와의 물리적 거리가 가까워 대체지로 성장했다고 말했다. 도안신도시가 성장하는 데 있어 노은지구의 역할도 한몫했다. 기존에 형성된 월드컵경기장역, 노은역을 중심으로 2000년대 초반에 지어진 아파트가 많았기 때문에 자연스럽게 신축에 대한 수요가 강세를 띠었다. 물론 지족동 쪽으로 2014~2015년에 지어진 준신축도 많지만 다소 외곽이어서 입지가 좀 더 우수한 도안신도시로 몰린 경향이 크다.

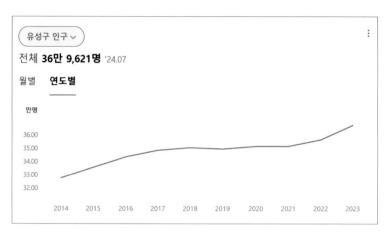

유성구 인구수 추이 (자료: 네이버)

노은지구 바로 옆 죽동 일원에는 죽동2지구라는 7천 가구의 신
규 공공택지가 조성될 예정이다. 다음은 〈디트NEWS24〉 2021년
8월 30일 기사다.

대전시 유성구 죽동 일원에 주택 7,000호를 공급하는 대규모 신규 공공
택지가 조성된다. 국토교통부는 30일 국토교통부가 발표한 대도시권 주
택공급 확대를 위한 '3차 신규 공공택지 추진계획'에 유성구 죽동2지구가
후보지로 선정됐다고 밝혔다. (…) 대전시는 2022년 하반기에 공공주택
지구 지정을 완료하고, 2023년 지구지정, 2024년 개발계획이 승인된 후 보
상착수, 2025년 착공해 오는 2029년에 최종 완공한다는 계획이다.

2024년 현재 지구계획 수립에 대한 용역이 진행 중인 상황이며 2024년 연내 승인 예정이라고 한다. 당초에는 2025년에 착공해 2029년까지 완공할 계획이라고 했지만 다소 지연될 것으로 보인다.

대전의 주택 노후도는 점점 심해지고 있다. 신도시의 장점은 전반적인 지역 내 정주여건을 개선한다는 데 있지만, 결과만 보면 다른 대전 자치구의 인구를 빼오는 형세일 수밖에 없다. 즉 지역 균형 발전에는 도움이 되지 않는다. 하지만 유동자금은 한정되어 있고 이미 발달한 입지는 정해져 있다. 지금까지 균형 있게 발전되지 않았다면 앞으로도 균형 발전은 없다고 보는 것이 합리적이다. 대전에서는 앞으로도 서구와 유성구 위주로 흐름의 변화를 주목해야 한다. 세종시가 들어서면서 동구와 대덕구의 인구가 많이 유출되었다. 이처럼 신축이 들어서면 초반에는 저렴한 전세가로 공급되기 때문에 사람들의 유입이 늘기 마련이다.

참고로 유성구에서 학업 성취도 평가가 가장 우수한 중학교는 대전전민중학교이며 그 뒤를 대전관평중학교, 대덕중학교가 따르고 있다. 특목고 진학률 부문에서는 대전관평중학교가 가장 우수한 상황이다. 고등학교는 중일고등학교, 대덕고등학교, 대전용산고등학교 순으로 학업 성취도 평가가 우수하다.

중구의
특징

중구는 과거 대전의 원도심이었다. 과거 중구에 시청과 도청이 위치해 있었지만 시청은 둔산지구로 이동하고, 도청은 홍성군 내포신도시로 이동해 상권이 조금씩 쇠퇴하기 시작했다. 서쪽은 유등천, 동쪽에는 대전천이 있으며, 남쪽으로는 금산군과 접해 있다. 중앙로역 북쪽으로 오룡역 일대에 목동, 중촌동, 선화동이 위치하고 있다. 2003년 목양마을(1,500세대)이 들어서기 전까지만 하더라도 나홀로 아파트 단지에 가까웠다. 그러나 2010년 이후부터 현재까지 여러 아파트가 들어서면서 과거 노후주택가의 모습이 점점 사라지고 있다.

대표적으로 상향여과가 진행되는 곳으로 대전에서는 중구를 반드시 주목해야 한다고 본다. 둔산지구와 중앙로와의 접근성이 뛰어나 특히 유망하다고 생각한다. 사통팔달의 입지에도 불구하고 그동안은 신축의 부재로 소외되었던 곳이다. 또 대전의 무게중심이 둔산지구로 이동하면서 한동안은 빛을 보지 못했으나, 2024년부터 정비사업을 통해 6천 세대가 넘는 입주물량이 쏟아질 예정이다. 추후 목동, 중촌, 선화동에 대규모 아파트 단지가 구성되면 대

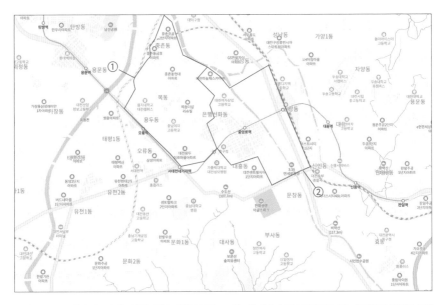

대전 중구 주요 지역 지도. ①은 중촌동, 목동, 선화동 일원으로 약 6천 세대가 입주 예정이고, ②는 중앙로역 일원으로 일반상업지역이다. (자료: 네이버지도)

중교통 접근성이 더욱 눈에 띄면서 빛을 발할 것으로 보인다.

참고로 동구에서 학업 성취도 평가가 가장 우수한 중학교는 대전동산중학교이며 그 뒤를 대전글꽃중학교, 충남여자중학교가 따르고 있다. 특목고 진학률 부문에서는 동명중학교가 가장 우수한 상황이다. 고등학교는 대성고등학교, 청란여자고등학교, 대전동산고등학교 순으로 학업 성취도 평가가 우수하다.

동구·대덕구의
특징

대전은 지리적으로 도심을 관통하는 철도가 있어 일부 자치구의 경우 개발 과정에서 소외된 바 있다. 일반적으로 지역 내부를 관통하는 철도가 있으면 지역이 단절되고, 단절된 지역 중에서도 좀 더 면적이 넓은 곳 위주로 발전할 수밖에 없다. 대구 역시 광역철도 북쪽의 집값이 약세였던 반면 수성구가 있는 남쪽은 철도 역세권이라는 장점과 함께 집값이 크게 상승했다. 다시 말해 대전 동구와 대덕구는 도심을 가로지르는 철도와 산지로 인해 주거 선호지역으로 자리 잡기 어려운 구조인 것이다. 앞서 실거주 수요 혹은 투자 수요를 타진할 때 확장 가능성 여부가 중요하다고 강조한 바 있다. 사람들이 살고 싶어 하는 지역으로 바뀌기 위해서는 일정 세대수 이상의 아파트 단지가 지속적으로 들어와야 하는데, 부지가 제한적인 동구·대덕구는 인구가 유입되기 어려운 지역에 해당한다.

향후 대전은 도시개발사업, 정비사업으로 도시 노후도를 낮추기 위한 변화가 빠르게 진행될 것이다. 정비사업은 주로 서구와 중구에서 진행되고 있기 때문에 정주여건 개선에 따라 인구가 지속 유입될 것으로 보인다. 이에 따라 동구와 대덕구는 인구 유출이 보다 심화될 수 있다. 안타깝지만 대전 내부에서도 양극화는 끊임없이 일어나고 있다.

한 가지 변수는 있다. 2024년 1월 국토교통부는 전국 6대 특광역시 노선 위주로 주요 철도를 지하로 내리고 상부를 개발하는 철도 지하화 종합계획 수립에 착수했다고 밝혔다. 다음은 〈매일경제〉 2024년 3월 22일 기사다.

정부가 전국 주요 철도를 지하로 내리고 상부를 개발하는 철도 지하화 종합계획 수립에 착수했다. (…) 조기 착수가 가능한 선도사업 후보로는 서울(경부선·경인선·경원선)과 부산(경부선), 대구(경부선), 인천(경인선), 대전(경부·호남선), 광주선·경의중앙선 등을 우선 검토하는 것으로 알려졌다.

조기 착수가 가능한 선도사업 후보로 대전이 거론되면서 희망이 생겼다. 현재는 철도로 지역 단절 현상이 있지만 미래에 도심을 가로지르는 철도가 사라지면 지역 연계성이 더욱 강해질 것으로 추측해볼 수 있다.

주목해야 할 3개 지역

제1도심

둔산지구

대전에서 가장 주목해야 할 곳은 바로 둔산지구다. 둔산지구는 1990년 수도권 1기 신도시와 함께 개발된 대전의 제1도심이다. 정부대전청사, 시청, 법원, 검찰청, 경찰청 등 수많은 관공서로 인해 일자리가 많고 은행, 대형마트 등 편의시설과 학교, 학원이 밀집되어 있어 거주 가치가 상당히 높은 곳이다. 둔산지구는 현재 대전의 평균 노후도를 올리는 데 한몫을 하고 있다. 둔산지구는 1~3지구로 구분되는데 1지구와 2지구는 행정구역명이 둔산동 (1·2·3동)으로 분류된다, 시청역 동쪽에 위치하고 있으며 1991년에 첫 입주가 있었다. 3지구는 월평동 일대이며 1994년에 첫 입주가 있었다.

둔산지구에 위치한 아파트들은 보통 용적률이 220%가 넘으며 3종일반주거지역이라 할지라도 대전시 조례상 250% 이하로 규정되어 있어 그동안은 재건축이 거의 불가능했다. 그러나 노후도시특별법으로 3종일반주거지역의 경우 용적률을 최대 450%까지 받을 수 있어 가능성이 보이기 시작했다. 이와 별개로 대전시도 지방도시계획위원회 심의를 거쳐 '2030년 대전도시기본계획'을 확정해 기반시설 설치 10% 이상을 의무화할 경우 용도지역 상향을 추진함으로써 새로운 청사진이 그려지기 시작했다.

재건축이 잘 진행되기 위해서는 높은 일반 분양가를 충분히 수용할 수 있는 청약 경쟁률이 필요하다. 청약 경쟁률을 높이기 위해선 입지가 가장 중요한데 대전에서 제일 가는 입지에 해당하는 둔산지구인 만큼 재건축 진행속도에 따라 주변 지역도 민감하게 반응할 것으로 보인다. 현재 대전시는 둔산지구 등 장기택지개발지구의 체계적 관리방안 수립을 위한 용역을 진행해 재건축 마스터 플랜을 세우는 과정에 있다.

둔산지구 내 재건축을 통해 이주가 본격화되면 둔산지구의 다른 아파트들이 가장 먼저 수혜를 볼 것이 확실하다. 둔산지구 내 아파트들은 대형 평형이 굉장히 많기 때문에 재건축 후 평형대를 의도적으로 낮추고 일반분양 세대수를 증가시킴으로써 고층, 하이엔드로 가는 움직임이 생겨날 것이다. 2024년 이내로 노후도시특별법에 의거해 선도지구 지정이 확실시되면 일부 아파트가 우선 재건축 행정절차를 밟게 될 텐데, 그때 둔산지구 아파트 가격이 바로 뜰 수도 있고 그렇지 않을 수도 있다.

2024년 상반기 기준 부산 역시 해운대 좌동의 호재에도 전혀 움직이지 않고 있기 때문에 2025년 전후로 입주물량이 많은 대전도 큰 변화는 없을 수 있다. 제아무리 대형 호재라 할지라도 부동산 사이클의 방향을 한 번에 바꿀 수는 없다. 단지 이런 움직임이 쌓이고 쌓여 상승 에너지를 축적하고 가격 회복을 앞당기는 트리거 역할을 할 뿐이다. 즉각적인 가격 상승이 없다 해서 외면할 것이 아니라 투자자 입장에서는 오히려 기회라 생각하고 모니터링할 필요가 있다.

둔산지구의
대체 주거지 ①

그동안 둔산지구의 노후주택 문제를 해소하기 위해 도안신도시 등이 대체지의 역할을 수행했다. 둔산지구 내 재건축이 단계적으로 진행된다면 앞으로는 재건축에 따른 이주 수요를 해결하기 위한 주거 대체지의 역할이 더욱 강조될 것이다. 결국 대전의 신축 공급물량이 압도적으로 증가하지 않는 한 기존 아파트들이 이주 수요를 전적으로 감당해야 한다.

대전에서 2~3년 내 신축 공급물량이 파격적으로 증가할 수 있을까? 당분간은 쉽지 않다. 고금리, PF 부실, 높은 원자재 가격, 분양 관심 저조 등 부동산 시장이 얼어붙은 상태이기 때문에 건설사 입장에서는 일을 벌리기 쉽지 않다. 하지만 4~5년 뒤라면 이야기가 다르다. 현재 정부 기조상 건설업 살리기 정책을 펼치고 있어 판이 바뀔 수 있다.

향후 대전 택지개발사업인 도안 2단계 개발사업이 남아 있기 때문에 중기적으로는 주거 안정에 기여할 수 있는 잔여 택지가 남아 있는 상황이다. 도안지구 택지개발사업은 2001년부터 도안지구 1~3단계 그리고 도안 갑천지구 친수구역으로 나뉘어 단

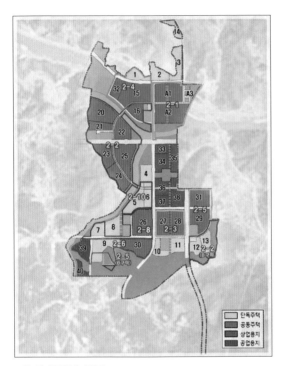

도안 2단계 구역별 지형도

계적으로 진행되고 있다. 이 중 도안 1단계와 갑천지구 친수구역
은 준공된 상태이고, 2단계와 3단계가 남아 있으며 이 중 2단계는
1·2·3·5·6 총 5개 지구로 개발이 진행 중이다. 2-2, 2-5, 2-6 구
역이 올해부터 순차적으로 분양될 예정이다.

　장기적으로는 도안 3단계가 남아 있는데 옛 충남방적 부지, 대전교도소, LH 비축 토지 등을 합쳐 3,090천m² 규모로 '첨단산업 클러스터와 주변 지역을 연계한 복합단지'를 LH와 대전도시공사에서 조성 중이다. 2030년까지 토지 보상, 교도소 이전, 분양 등이 예정되어 있다.

향후 둔산지구 재건축에 따른 이주가 진행된다면 가장 먼저 둔산지구 내 아파트들이 수혜를 보게 될 것은 불 보듯 뻔한 일이다. 사람은 기본적으로 생활반경을 쉽게 바꾸려고 하지 않기 때문이다. 그러나 주택 노후도가 심화되고 매매가, 전세가가 높아진다면 결국 주변 지역으로 흩어지게 된다. 그래서 앞서 말한 도안지구 외에도 둔산지구 인근 중촌, 목동, 선화동 그리고 수년 안에 뉴타운 규모로 형성될 도마동도 함께 지켜봐야 한다.

다시 한번 강조하지만 대전은 둔산지구를 중점적으로 파고들어야 한다. 국가 정책도 정책이지만 대전시 자체적으로도 둔산지구 리빌딩에 대한 관심도가 상당히 높기 때문이다. 둔산지구 재건축을 중심으로 어떤 연계효과가 일어날 것인지 깊이 고민한다면 대전에 대한 이해도와 인사이트는 확장될 것이다. 단기적인 상품 위주로 접근하기보다는 중장기적으로 시장이 어떻게 흘러갈 것인지 지켜봐야 한다는 의미다.

둔산지구의

대체 주거지 ②

둔산지구의 또 다른 대체 주거지로는 중구 중촌, 목동, 선화동 일대가 있다. 시청역으로부터 2~3개역 거리에 있으며 이미 주거지로 오랜 역사가 있어 소규모 상권이 형성되어 있다. 또 서대전역, 중앙로역 인근의 상업지역과 가까워 인프라도 잘 형성되어 있다. 최근에는 정비사업을 통해 입주물량이 꾸준하게 풀리고 있어 주거선호지역으로 바뀌고 있다.

둔산지구와 가까운 곳에 위치한 탄방동1구역 둔산자이아이파크(1,974세대)와 용문동1~3구역인 둔산더샵엘리프(2,763세대)가 대표적이다. 2개 신축 아파트는 브랜드 건설사, 대단지, 역세권이자 둔산지구와 가까워 둔산지구의 신축 수요가 이동할 가능성이 높다는 공통점이 있다. 일반적으로 부동산 시장이 침체기에서 회복기로 접어드는 시점에는 주거 선호도 순에 따라 등락에 시차가 발생하게 된다. 추후 대전의 입주물량이 감소하고 회복기에 접어든다면 둔산지구를 중심으로 동심원을 그리면서 상승의 온기가 퍼져나갈 것이다.

필자의 생각으로는 노후도시특별법에 따라 둔산지구가 가장 먼저 움직일 시 둔산자이아이파크, 둔산더샵엘리프도 비슷하게 상승할 가능성이 높다고 본다. 입지 좋은 신축은 투자 수요 진입이 가장 빠르기 때문에 시장에서도 반응이 빠른 편이다. 그 이후 도안신도시에 이어 중촌, 목동, 선화동 일대로 상승 기운이 전달될 것이고, 2급지 부동산 분위기가 좋아지면서 대전 부동산 시장에 상승장이 찾아올 것이다.

노후화된 둔산지구의 대체 주거지로 도마·변동 재정비촉진지구 이야기를 하지 않을 수 없다. 정비사업을 통해 유등천을 따라 좌측으로 대략 2만 6천 세대의 뉴타운이 들어설 예정이다. 도마·변동 재정비촉진지구의 면적은 221만 9,102m²이며, 추진 중인 구역은 13개에 달한다. 서대전역, 대전역과 거리가 멀지 않고 유등천 수변을 따라 산책로와 체육센터 등이 있어 생활 인프라도 잘 갖춰져 있다는 평가를 받고 있다. 향후 도마네거리에 2호선 트램역인 도마역(가칭)이 신설되면 교통 환경도 크게 개선될 것으로 보인다.

대표적으로 상향여과가 진행되고 있는 지역이며 향후 둔산지구와의 접근성으로 인해 둔산지구의 재건축 이주 수요를 충분히 받을 수 있는 곳이다. 현재 8구역은 2022년 8월에 입주 완료했고, 9구역은 2027년 3월 입주 예정이며, 11구역은 2025년 1월

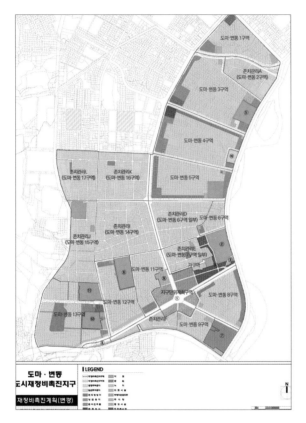

도마·변동 재정비촉진지구 토지이용계획 (자료: 대전 서구청)

입주 예정이다. 3개 구역(4,287세대)이 입주가 가장 빠르며, 추후 1·3구역(5,225세대)의 입주가 이어질 계획이다.

앞서 살펴본 대구의 신암뉴타운, 평리뉴타운은 도심과 가깝다는 입지적인 장점으로 인해 주목해야 하고, 울산의 송정신도시는 북구이긴 하지만 도심과의 접근성이 좋아 가격 상승률이 상당히 높았다. 그렇다면 도마·변동 재정비촉진지구는 앞으로 전망이 어떨까? 진지하게 고민해볼 문제다.

5장
광주:
수요가 밀집된 광역시

광역시 중 상승기간이 가장 길었던
광주광역시

최근 광주지역 아파트 매매가격 상승률이 5개 광역시 가운데 가장 높은 것으로 나타난 가운데 서구의 강세가 두드러졌다. 19일 KB국민은행 주간주택시장동향에 따르면 지난 15일 현재 광주 아파트 매매가격은 전주 대비 0.04% 상승해 지난주(0.03%)에 비해 소폭 상승했다.

〈머니S〉 2018년 1월 19일 기사다. 2018년 들어서 광주광역시 아파트 가격이 강세라는 기사가 심심치 않게 보였다. 그런데 광주는 2017년만 상승한 것이 아니라 2009년부터 2018년 연말까지 약 10여 년간 상승했다. 5대 광역시 중 상승기간이 가장 긴 지역이 바로 광주였으며 2015년 하반기 대구가 잠시 쉬어가는 기간에도 광주는 굳건하게 상승세를 지켜왔다.

광주의 상승 지속성이 길었던 이유는 무엇일까? 광주는 울산 다음으로 전국에서 주택보급률이 두 번째로 높은 도시다. 광주의 주택보급률은 꾸준하게 우상향했는데, 주택보급률이 높다는 것은 가구수 대비 신규 주택 수가 지속적으로 늘어났다는 의미다. 광주는 2013년부터 2024년까지 2015년, 2021년, 2023년 3년을 제외한 대부분의 기간 동안 적정 수요량을 초과한 공급을 이어왔다. 특히 2022년에는 적정 수요 대비 입주물량이 굉장히 많았다.

광주는 2020년 조정대상지역에 지정되고 분양권 전매제한 지역에 해당되면서 신규 분양 시장이 크게 위축된 바 있다. 국토교통부의 분양 승인 통계를 보면 2019년 한 해에만 1만 4,719가구에 달했던 분양 승인 건수는 2021년부터 2022년에는 연평균 3,657가구로 급감했다. 그 여파가 2025년 입주물량 감소에 영향을 미친 것으로 보인다. 다만 2023년부터 분양 규제가 완화됨에 따라 2026년에는 다시 입주 예정 물량이 1만 가구를 회복할 것

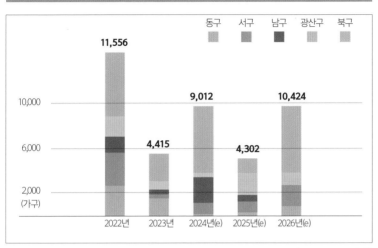

광주 자치구별 아파트 입주물량 흐름

동구 서구 남구 광산구 북구

11,556

10,000

9,012

10,424

6,000

4,415

4,302

2,000
(가구)

2022년 2023년 2024년(e) 2025년(e) 2026년(e)

자료: 국토교통부, 청약홈

으로 보인다.

신축의 공급이 꾸준하다면 지역민의 부동산에 대한 관심도도 지속적으로 높아질 수밖에 없다. 자연스레 청약 열기도 높아지기 때문에 내 집 마련을 시도하는 사람의 수도 증가한다. 광주는 자신이 소유한 주택에 살고 있는 가구, 즉 자가점유비율이 울산 다음으로 높은 지역이다. 부동산 시장은 인간의 심리가 미치는 영향이 절대적이다. 하락기에는 입주물량이 가격을 더욱 끌어내리는 역할을 하지만, 회복기와 상승기 때 공급되는 신축은 매수심리를 키우는 역할을 한다. 회복기와 상승기 초입 때는 신축 공급을 통해 부동산에 대해 관심을 갖는 사람의 비율이 높아지면 상승 지속성을 오랫동안 유지할 수 있다.

비슷한 인구수를 보유하고 있는 광주와 대전의 거래 매입 주체를 비교해보면, 광주는 외지인 거래 비중이 대전보다 낮은 상황이다. 광주 부동산은 지역 현지인이 주로 매수를 했다는 의미다. 대전 부동산은 외지인 투자자 비율이 광주보다 높은데, 인근에 인구 38만 명의 세종시와 인구 85만 명의 청주라는 거대한 대체 투자처가 있어 대전 내 수요가 인근 대도시로 분산되었기 때문이다. 광주는 주위에 인구 11만 명의 나주시를 제외하고는 시 단위 도시가 전무해 수요가 밀집할 수밖에 없는 구조다.

광주의
인구와 특징

광주는 인구수 141만 명으로 5대 광역시 중 네 번째다. 여느 지역과 마찬가지로 인구수는 감소하는 추세이며 세대수는, 그중에서도 1인 가구는 증가하고 있는 추세다. 광주는 대전 다음으로 소

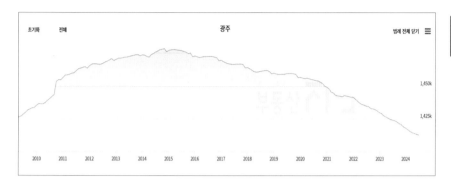

광주 인구수 추이 (자료:부동산지인)

득수준이 높고 경제활동 참가율이 높은 편이다. 맞벌이 비율은
45%로 5대 광역시 중 1위를 기록하고 있으며 이와 관련해 주택
보급률도 점점 높아지고 있다. 광주는 지역 내에서 신규 주택 공
급을 수용할 수 있는 여건이 잘 조성되어 있다고 볼 수 있다.

광주는 2008년부터 2015년까지 인구가 급속도로 증가한 바
있다. 그 이유는 인구 약 7만 8천 명의 수완지구로의 입주가 이뤄
졌기 때문이다. 수완지구 입주에 힘입어 가파르게 인구가 성장한
광주는 2015년부터 상승세가 꺾였고 2024년 기준 141만 명으로
2008년(142만 명)에 비해 오히려 감소한 모습이다.

현재 대한민국 대부분의 지역이 인구가 감소하고 있는 것은 사
실이다. 그러나 인구 감소로 인해 부동산 시장이 무조건 하향세

로 갈 것이라고 확언할 수는 없다. 적어도 단기간에는 그렇게 되기 쉽지 않다. 해가 지는 곳이 있으면 해가 뜨는 곳이 있기 마련이다. 시간이 흐를수록 주택은 노후화되기 때문에 인구가 감소하더라도 신축에 대한 수요는 지속성이 있다.

과거에도 2008년 글로벌 금융위기 이후 "수완지구에 이렇게 아파트를 많이 지어서 어떻게 하느냐?" 하는 말이 있을 정도로 유령도시가 될 수 있단 우려가 많았다. 그러나 그때 그렇게 유령도시가 될 것이라 걱정했던 수완지구는 현재 광주에서 중추적인 주거지역으로 성장했으며, 특히 수완동은 전국에서 인구가 가장 많은 행정동으로 꼽히고 있다. 인구수가 감소하는 것은 확정된 미래지만 주거선호지역의 지위 변동에 따라서 인구의 유출입은 계속 있을 것이다. 모든 지역이 소멸할 것이고, 모든 지역의 부동산이 하락할 것이라는 주장은 타당치 않다고 본다.

광주시는 일자리 창출을 통해 인구 감소 위기를 타개하고자 노력하고 있다. 다른 도시도 마찬가지겠지만 광주는 현재 지역 내 정주인구를 지키는 것, 그리고 인근 소도시 인구를 유입시키는 것을 목표로 정책을 펼치고 있다. 앞으로 광주가 인구 감소에 어떻게 대응하는지 지켜보도록 하자.

핵심 지역 분석하기

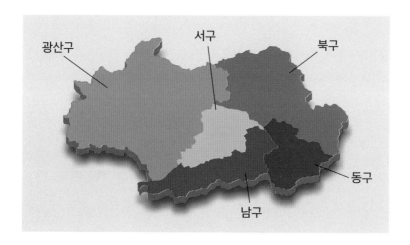

남구의
특징

　광주 남구의 주거지역은 백운동, 봉선동, 송암동, 주월동으로 국한되어 있어 인구수는 적은 편이다. 인구 21만 명으로 광주 자치구 중 네 번째에 해당한다. 인구는 적지만 남구가 광주 부동산 시장에 미치는 영향력은 상당히 강하다. 광주 학군의 상징인 봉선동이 있기 때문이다.

　광주 봉선동은 대구 최고의 학군인 범어4동과 지리적인 형태가 유사하다. 주거지역이 산으로 쌓여 있고 그 안에 학교와 학원이 모여 있는 자루형이다. 자루형을 두고 고립된 지형이라 생각할 수 있지만 거주민의 생활반경이 자루 안으로 국한될 경우 상권이 다른 쪽으로 옮겨가거나 쇠퇴하는 일이 적다는 장점이 있다. 상권이 옮겨가거나 붕괴할 가능성이 있는 곳은 좋은 학원가가 생길 수 없다.

　학원가 형성은 결코 단기간 이뤄지지 않는다. 경기도 일산, 평촌, 부산 해운대 좌동 등이 학원가가 유명한 이유는 우수한 성적을 거둔 학생을 배출한 전례가 많고 역사가 길기 때문이다. 개천에서 용이 나오는 시대는 이미 지났다. 높은 성적은 결국 시스템

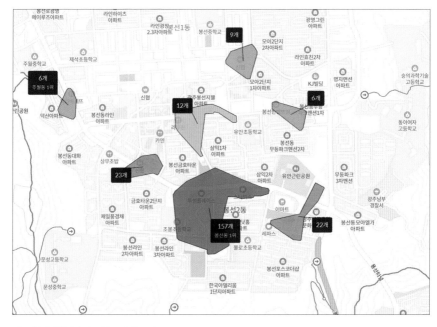

광주 봉선동 학원가 지도 (자료: 호갱노노)

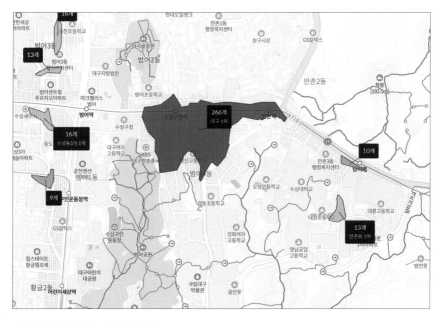

대구 범어4동 학원가 지도 (자료: 호갱노노)

으로 만들어진다. 사회적으로는 안타깝지만 소득이 높은 사람들이 모여 학군지를 형성하고, 이들의 교육비가 모여 시스템이 만들어진다. 학군지 아파트 가격에 프리미엄이 붙는 이유다.

같은 봉선동이라 할지라도 봉선2동과 봉선1동은 집값에서 명확한 차이를 보인다. 대부분의 학원이 봉선2동의 봉선로를 따라 형성되어 있기 때문이다. 봉선2동을 상징하는 대표적인 국민 평형대 아파트는 2004년 입주한 포스코더샵(1,140세대)과 2016년 입주한 봉선제일풍경채엘리트파크(400세대)다. 고작 200m 떨어진 거리에 불과함에도 불로초등학교와 조봉초등학교 중 어디가 우수한지를 두고 갑론을박이 벌어질 만큼 교육에 대한 열의가 높은 곳이다. 입주한 지 20여 년에 달함에도 포스코더샵 33평 가격은 2024년 8월 기준 평당가 2,197만 원을 기록하고 있다. 2024년 10월 입주 예정인 봉선1동 e편한세상봉선셀레스티지(542세대) 33평의 평당가 2,145만 원보다 높은 값이다. 포스코더샵이 구축임을 감안하면 봉선2동과 봉선1동의 가격 차이가 생각보다 크게 벌어졌음을 알 수 있다.

봉선1동이라고 해서 전망이 나쁜 것은 아니다. 추후 광주는 지하철 2호선이 들어올 예정이다. 1단계와 2단계 중 2026년 준공 예정인 1단계 노선이 바로 봉선1동 대남대로 앞을 지나간다. 그

첨단과학
산업단지

일곡지구

2단계

북구

2029년 말 개통 예정

극락강역

광주시청

1호선

공항역

광주역

상무역

남광주역

서구

1단계

2026년 말 개통 예정

3단계

효천역

녹동역

자료: 대도시권광역교통위원회

동안 봉선1동은 학원가가 풍부하고 대형 평형 아파트가 많은 봉선2동과 대비해 상대적으로 소외받았지만 2호선이 들어선 시점부터는 입지적인 가치가 분명 상승할 것이다. 추후 빛을 발할 시기가 반드시 오리라 본다. 참고로 2호선 3단계 구간은 추진 여부를 타진하고 있는 단계다. 예상 이용자 수 부족을 이유로 예산 지원에 난항을 겪고 있다.

서구의
특징

    광주 서구는 지리적으로 광주의 중심부에 위치해 있다. 서구에는 상무지구, 기아자동차 광주공장, 월드컵경기장 등이 위치해 있다. 이처럼 서구는 특징이 매우 강한 지역이라 할 수 있다. 외지 투자자가 주로 관심을 보이는 곳이기도 하다.

    상무지구 내에는 광주광역시청, 법원 등 관공서가 있으며 주거지역인 치평동은 업무용 빌딩, 주상복합이 밀집된 중심상업지역과 인접해 있다. 치평동은 다운타운, 관공서와 가까워 주거선호지역으로 볼 수 있지만 1990년대 후반에 지어진 구축 위주여서 입지에 비해 선호도는 다소 떨어진다. 상무지구의 최대 단점은 광주공항이다. 군공항과 겸하고 있어 전투기 이착륙에 따른 소음이 매우 크다. 지역민들은 지속적으로 군공항 이전을 요구하고 있다.

    치평동에서 직선거리로 1km 떨어진 운천역 앞에 상무센트럴

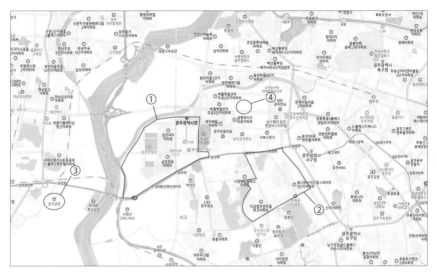

광주 서구 주요 지역 지도. ①은 치평동 일원(상무지구)으로 인근에 상무센트럴자이가 있고, ②는 화정동 일원으로 유니버시아드힐스테이트1~3단지, 더샵염주센트럴파크 등이 있다. ③은 광주공항이고 ④는 기아자동차 광주공장이다. (자료: 카카오맵)

자이(903세대)가 분양해 2025년 입주를 앞두고 있다. 예전 호남대학교 쌍촌캠퍼스 부지를 개발한 것으로 기아자동차 광주공장과의 접근성이 좋다. 구축 위주라는 치평동의 단점을 상무센트럴자이가 보완할 것으로 보인다. 분양가가 9억 원임에도 84타입의 청약 경쟁률은 39.55:1을 기록했다. 하지만 2024년 4월 기준 상무센트럴자이는 마피 매물이 나와 있어 역시 9억 원은 높은 기준치였던 것으로 보인다. 봉선동 내 신축인 e편한세상봉선셀레스티지

(542세대) 84타입의 가격이 분양가 수준인 6억 원대이기 때문에 상무센트럴자이의 가격이 치고 나가기 어려운 구조다.

상무지구 치평동의 노후화로 인해 떠오른 곳은 월드컵경기장 인근 화정동이다. 화정동은 1980~1990년대 지어진 구축이 밀집된 곳이었는데 2016년 화운로를 따라 유니버시아드힐스테이트 1~3단지(3,726세대)가 들어서며 신흥 주거선호지역으로 떠올랐다. 인근에 7개의 학교가 있어 학원가도 잘 형성되어 있다. 2022년 10월 염주주공을 재건축한 더샵염주센트럴파크(1,976세대)의 입주권이 9억 원이 넘는 실거래가를 기록하기도 했다. 이 정도 가격에 거래된 이유는 화정동이 상향여과가 한창 진행되고 있기 때문이다. 유니버시아드힐스테이트가 들어서면서 수년 전부터 상향여과가 시작되었는데 여기에 더샵염주센트럴파크가 불을 지폈다.

북구의
특징

광주 북구의 인구는 42만 명으로 광주에서 가장 많으며 행정구역은 두 번째로 넓다. 북구에는 전남대학교, 광주교육대학교, 동

강대학교가 있고 첨단1·2지구가 있어 일자리도 풍부하다. 하지만 집값은 입지에 비해 저렴한데 철도가 도심을 가로지르고, 북쪽으로는 호남고속도로가 있어 지역 간 단절된 형태이기 때문이다. 즉 지리적으로 확장성이 낮다. 기차역과 고속도로가 인근에 있다는 점은 산업단지 측면에서는 매우 좋지만 주거지역으로는 좋을 수 없다. 선호되는 주거지역이 되려면 신축의 입주가 지속적으로 있어야 하는데 도심과 가장 가까운 광주역 북쪽 중흥동, 용봉동 일대에는 이미 전남대학교 부지가 있고 주위에 1종일반주거지역과 상업지역이 혼재되어 있어 개발이 쉽지 않다. 그래서 그동안 신축 공급히 상당히 적을 수밖에 없었다.

그럼 광주 북구에는 선호되는 주거지역이 없을까? 그렇지는 않다. 첨단2지구 북쪽으로 신용지구가 있다. 2013년 이후에 생긴 신도시로 초등학교를 품고 있는 광주첨단2지구제일풍경채리버파크아파트(613세대)의 경우 84타입 최고가가 7억 2천만 원을 찍었을 정도로 선호도가 높았다.

부동산 투자자라면 향후 어떤 곳이 주거선호지역으로 변모할지 늘 고민해야 한다. 상향여과가 진행되고 있는 곳을 찾아야 하며 정비사업이 진행 중이라면 특히 눈여겨봐야 한다. 광주역 북쪽으로 2022년 2월 제일풍경채센트럴파크(1,556세대)가 들어섰

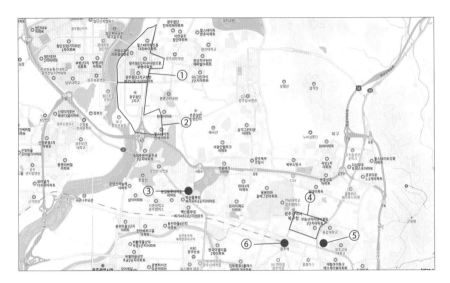

광주 북구 주요 지역 지도. ①은 신용동 일원으로 약 9,800세대가 있고, ②는 첨단2지구, ③은 운암자이포레나퍼스티체, ④는 광주역 북쪽 일원으로 제일풍경채센트럴파크, 무등산자이&어울림 등이 있다. ⑤는 풍향구역으로 약 2,600세대가 들어올 예정이고, ⑥은 광주역이다. (자료: 카카오맵)

고, 2022년 9월 무등산자이&어울림(2,382세대)이 들어섰다. 추후 광주교육대학교 옆 풍향구역은 재개발을 통해 2,600세대 규모의 대단지가 들어설 계획이다. 재개발이 예정대로 이뤄져 6,500세대 규모의 신축 아파트가 밀집된다면 상권은 활성화될 것이고 광주 북구의 이미지는 완전히 달라질 것이다.

이뿐만 아니라 광주 북구에는 한국폴리텍대학교 광주캠퍼스와 경양초등학교 사이에 위치한 운암주공3단지가 재건축을 통해 운암자이포레나퍼스티체(3,214세대)로 변모 중이다. 주위에 이미 3,200여 세대의 아파트 단지가 형성되어 있기 때문에 추후 정비 사업이 완료되면 일대에 6,500세대가 거주하게 된다. 왕복 8차선 도로 맞은편에 있는 운암1동을 대표하는 운암롯데캐슬(1,490세대)과 벽산블루밍메가씨티(2,753세대)도 어느덧 연식이 20년 가까이 되었다. 신축에 대한 수요가 높을 수밖에 없다.

광산구·동구의
특징

광주시 광산구는 행정구역이 가장 넓고 인구는 39만 명으로 광주 내에서 2위다. 행정구역이 넓다는 것은 주거지역의 면적이 넓다는 의미도 되지만 일반적으로 산지와 농지를 포함한 면적이 넓다는 뜻이다. 그래서 대개 행정구역이 넓은 구는 도시 외곽에 위치할 가능성이 높다. 부산의 기장군, 울산의 울주군, 대구의 달성군, 군위군 등이 위와 같은 이유로 지역 내에서 가장 넓은 면적을 차지하고 있다.

광산구에는 광주의 주요 산업단지가 밀집해 있다. 하남산업단지, 평동산업단지, 진곡산업단지가 있고 바로 옆 서구와 장성군에도 첨단산업단지, 장성나노기술일반산업단지 등이 있어 직주근접이 좋은 지역이다. 산업단지가 다수 포진해 있어 자연스레 상업지역도 발달했다. 첨단지구 중심상업지역, 수완지구 내 일반상업지역 등이 대표적이다.

광산구의 대표적인 택지지구로는 첨단지구, 수완지구, 운남지구가 있다. 첨단지구 내 아파트들은 용적률 100%대의 저층으로 구성되어 있고 현재 3종일반주거지역이어서 재건축 사업성이 있는 곳이다. 인근에 중심상업지역이 있고 현재 개발 중인 장성나노기술일반산업단지와 붙어 있어 미래가 기대되는 곳이다.

수완지구에는 12만 명이 거주하고 있으며 전라도 내 행정동 중 인구 1위에 해당한다. 풍영정천을 따라 2008년 이후부터 상당수의 아파트가 들어섰고, 봉선동 다음으로 학원가가 발달해 주거선호지역으로 급부상했다. 수완지구는 대구 달서구 신월성 지역과 유사하다고 볼 수 있다. 구축이 다수를 차지하는 운남지구와 첨단지구를 대구 대곡지구, 구월성에 비유할 수 있고 수완지구는 신월성에 비유할 수 있다. 기존 택지지구가 노후화됨에 따라 신규 택지가 각광받는 상황으로, 수완지구가 인근의 노후 택지지구를 대체하면서 떠오르는 주거지가 되었다.

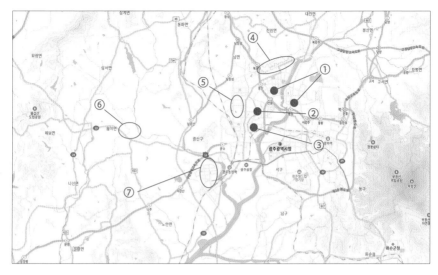

광주 광산구 지역 지도. ①은 첨단지구로 약 11만 5천 명, ②는 수완지구로 약 12만 3천 명, ③은 운남지구로 약 3만 명이 있다. ④는 장성나노기술일반산업단지, ⑤는 하남산업단지, ⑥은 빛그린산업단지, ⑦은 평동산업단지다. (자료: 카카오맵)

광주 동구는 주거지역의 규모가 작아 자세히 언급하지는 않겠다. 다만 남광주역 인근의 무등산아이파크(1,410세대)는 내재된 힘이 강하다. 어떻게 보면 나홀로 아파트 단지라서 실거주 가치가 낮아 보일 수 있지만 2017년 1월 입주 시점부터 4년 9개월 동안 약 200% 상승한 바 있다. 지역 내 브랜드 신축에 대한 수요가 얼마나 몰렸는지 알 수 있는 대목이다. 또한 학동4구역 재개발의 경우 현재 '현대노블시티'라는 명칭으로 고급화 설계를 진행 중에 있다. 2,299세대 규모로 신축이 들어선다면 무등산아이파크 등과 함께 5,300세대 규모를 이루기 때문에 봉선동과 가장 가까운 주거선호지역으로 부상할 수 있다.

주목해야 할 3개 지역

수요가 강한

봉선동

    광주 봉선동은 학군지 수요와 지하철 2호선 개발 호재로 광주 부동산 시장의 흐름을 주도할 수 있는 가장 중요한 지표다. 일반적으로 최상급지 아파트는 물건 자체가 적어 희소성이 있기 때문에 상승장 때 가장 먼저 오르곤 한다. 최상급지가 오른 다음에 하위급지가 순차적으로 거래에 탄력을 받으면서 가격이 상승하는 구조다.

광주 봉선동에는 2개의 지표가 되는 아파트가 있다. 하나는 봉선제일풍경채엘리트파크이며, 다른 하나는 포스코더샵이다. 평당가는 2024년 8월 기준 비교적 신축인 제일풍경채가 포스코더샵보다 200만 원 정도 더 높다. 2개 아파트의 선호도가 가장 높은 이유는 84타입 이하가 다수를 차지하고 있기 때문이다. 광주의 시세를 리드하는 단지는 가격이 가장 비싼 한국아델리움1단지(410세대)가 아니냐고 반문할 수 있다. 하지만 시세를 리드한다는 것은 지역 전반의 아파트 시세에 많은 영향을 미친다는 뜻이다. 대형보다는 수요가 높은 중소형의 거래량이 많고 거래 주기가 빈번하기 때문에 84타입이 다수를 차지하고 있는 봉선제일풍경채엘리트파크, 포스코더샵을 지표로 삼는 것이 적합하다. 2개 단지의 동향 파악을 통해 광주 부동산 시장의 흐름을 진단하고 향후 전망을 예측할 필요가 있다.

현재 봉선2동 삼익2차(390세대)는 리모델링 사업을 진행 중이다. 광주의 용적률은 3종일반주거지역의 경우 재건축 안전진단 시 E등급을 받으면 상한 용적률 270%가 가능하다. 타지역 대비 낮은 수준이다. 기존 재건축 안전진단은 A~E등급으로 나뉘는데

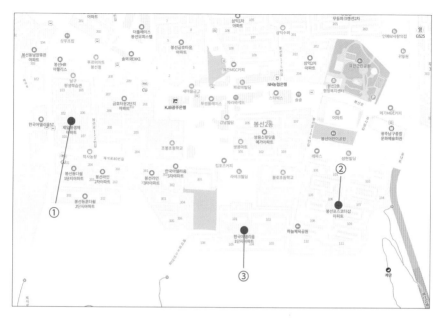

시장을 리드하는 ① 봉선제일풍경채엘리트파크, ② 포스코더샵, 그리고 가격이 가장 높은 ③ 한국아델리움1단지 (자료: 네이버지도)

D등급 혹은 E등급을 받아야 조건부 재건축 또는 재건축이 진행될 수 있다. 만약 광주에 있는 용적률 200% 초반의 중층 규모 아파트가 안전진단 D등급을 받는다면 광주의 시조례상 용적률이 210%로 낮기 때문에 재건축은 불가능에 가깝다.

봉선2동 삼익2차의 경우 3개층 수직 증축 리모델링을 통해 기존 390세대(30평 300세대, 45평 90세대)에서 448세대로 58세대(일반분양)가 증가될 계획이며 2030년 완공을 목표로 진행 중이다.

여기서 기존 30평 세대는 40평으로, 45평 세대는 51평으로 바뀌며 부대복리시설과 지하 3층 주차장을 조성할 계획이다. 조합원 분담금은 30평형 4억 원, 45평형 4억 9천만 원 정도다. 현재는 조합설립인가를 취득하고 시공사를 선정한 상황이다.

삼익2차를 예시로 언급한 이유는 광주 봉선동은 노후도시특별법에 해당되지 않아 향후 중층 재건축 진행이 어렵기 때문이다. 그래서 리모델링이 유일한 대안이 될 수 있으며 현재 전국에서 수직 증축으로 준공된 사례가 거의 없어 삼익2차의 수직 증축 인허가 및 준공 성공 여부에 따라 봉선동 일대 리빌딩의 청사진이 다시 그려지게 될 것이다. 참고로 국내 최초로 서울 송파구에 위치한 잠실더샵루벤(327세대)이 수직 증축 승인을 받아 건축 중인 상황이다.

리모델링 사업의 단점은 기존 골조를 그대로 사용하기 때문에 평면도가 크게 달라지지 않는다는 데 있다. 최근의 트렌드는 가로로 기다란 형태인 3베이 또는 4베이인 반면, 구축 아파트는 2베이 형태가 많다. 2베이는 리모델링을 하더라도 세로로 기다란 형태가 되기 때문에 입지적 가치가 압도적이어야만 추후 시장에서 수요가 지속적으로 유입될 수 있다.

지역별 정비기본계획상 용적률 체계 비교

구분		용적률(%)			비고
		1종일반주거지역	2종일반주거지역	3종일반주거지역	
서울 (2025 정비기본계획)	기준 용적률	150	190(170)	210	괄호는 7층 이하 2종 일반주거지역
	허용 용적률		200(190)	230	
	상한 용적률		250(250)	250	
	법적상한 용적률		250(250)	300	
부산 (2030 정비기본계획)	기준 용적률	주거지 관련: 180~260 도시 관련: 540~660			-
	허용 용적률				
	상한 용적률				
	법적상한 용적률				
인천 (2030 정비기본계획)	기준 용적률	180	210	230	-
	허용 용적률	200	250	275	
대전 (2030 정비기본계획)	기준 용적률	170	210	250	-
	허용 용적률	200	250	300	
광주 (2025 정비기본계획)	계획 용적률	150(150)	190(250)	210(270)	괄호는 재건축 안전진단 E등급
	허용 용적률	200	250	270	

2호선 개통

수혜 지역

　광주 지하철 2호선은 순환노선이다. 1단계(광주시청, 월드컵경기장, 백운광장, 광주역 등), 2단계(광주역, 전남대, 수완지구, 광주시청 등), 3단계(백운광장, 효천역 등)로 진행되며 그중 1단계는 2026년 말, 2단계는 2029년 말 완공 예정이다. 참고로 여러 이유로 3단계의 추진 여부는 미정이다.

　일반적으로 지하철 개통 소식이 들리면 부동산 가격은 뜨게 된다. 정확하게 말해서 실거래가가 아닌 호가가 상승한다. 만약 해당 지역의 사이클이 상승장이라면 지하철 호재는 매도인에게 좀 더 높은 가격을 부를 수 있는 요인이 되지만, 하락장이라면 지하철 호재는 큰 역할을 하지 못한다.

　지하철 호재만으로 집값이 오르는 것은 아니다. 지하철의 목적은 무엇일까? 도심 주택의 총량은 한정되어 있기 때문에 인구의 이동 배치를 통해 도심의 수요를 분산하는 것이 지하철의 제1의 목적이다. 즉 지하철이 생기면 도심으로 유입되는 인구는 감소하고 외곽 지역으로 분산되는 효과가 있다. 서울을 예로 들면 강남역, 종로3가역 등 일자리가 풍부한 중심지로부터 거리가 멀어질

광주 도시철도 2호선 구간	
1단계 (17km)	광주시청-상무역-금호지구-월드컵경기장-백운광장-남광주역-조선대-광주역
2단계 (20km)	광주역-전남대-일곡지구-본촌-첨단지구-수완지구-운남지구-광주시청
3단계 (4.8km)	백운광장-진월-효천역

자료: 대도시권광역교통위원회

수록 주택 가격은 점점 낮아진다. 중심지로부터 지하철역 정거장의 수가 얼마나 되는지에 따라 집값이 차등적으로 형성되고 있다. 즉 서울 강남 등 중심지 집값이 오르지 못하면 외곽인 '노도강(노원구·도봉구·강북구)'이 오를 확률은 거의 없다. 중심지 집값이 오르는 상승기여야만 지하철이 연결된 외곽 지역에도 훈풍이 부는 것이다.

또 서울과 지방은 지하철의 의미가 조금 다르다. 수많은 직장이 강남, 종로 등 중심지에 있어 지하철을 타고 정시에 출퇴근하는 사람의 수가 상당한 서울과 달리 지방 광역시는 일자리 자체가 적기 때문에 지하철의 효용 가치가 크게 떨어진다. 행정구역의 면적도 수도권에 비해 상대적으로 작기 때문에 자차로 이동하는 시간과 지하철로 이동하는 시간의 차이가 크지 않다. 그래서 지방은 지하철 개통에 따른 집값 상승이 미미하다고 볼 수 있다. 서울 지하철 노선은 하루 700만 명이 탑승하는 반면, 광주 1호선의 탑승 인원은 하루 5만 명에 불과하다. 인구 규모가 비슷한 대전은 하루 10만 명이 탑승하고 있고 대구는 38만 명, 부산은 100만 명이 탑승하고 있다.

광주 2호선 개통 시 지역 전반의 거주 가치는 당연히 상향될 것이다. 전보다 살기 좋아진다는 뜻이다. 다만 지하철 호재만 전적으로 믿고 투자하는 것은 리스크가 있다. 부동산 투자는 사이클이 중요하기 때문에 때로는 싱품보다 진입 시기가 더 중요하다. 광주 지하철의 전망이 부정적인 것은 아니지만 현실을 정확하게 진단할 필요가 있다.

지하철의 효과가 크지 않다면 투자자는 어떻게 움직여야 할까? 이미 입지가 우수한데 지하철이 들어오는 지역 위주로 봐야 한다. 입지적 가치가 떨어지는데 지하철만 들어온다고 해서 가격이 크게 오를 순 없다. 지하철 2호선이 지나가는 지역 중에서 봉선동, 월드컵경기장 등 이미 주거선호지역으로 꼽히는 지역에 집중

해야 한다. 지하철 2호선이 들어온다고 해서 살기 싫은 지역이 살고 싶은 지역으로 바뀔까? 스스로에게 물어보자. 만약 당신이 광주에 산다면 어디에 살고 싶은가?

노후도시특별법
대상 지역

광주에서 노후도시특별법 적용이 예상되는 지역은 여러 곳이 있지만 이 중 광주 서구의 상무지구, 금호, 풍암에 주목해야 한다. 상무지구는 이미 인프라가 잘 발달했기 때문에 재건축에 따른 상승 효과를 따로 설명할 필요가 없을 정도다. 상무지구와 금호, 풍암은 낯설 수 있다. 인지도는 떨어지지만 금호와 풍암 역시 이미 가격으로 입지가 검증된 지역이다. 더샵염주센트럴파크(1,976세대)가 있는 월드컵경기장을 중심으로 지하철 2호선이 지나가는 풍암과 금호 일대에 재건축이 진행된다면 추후 광주에서 수완지구만큼 행정구역이 큰 신도시가 탄생하게 될 것이다. 봉선동과 지리적으로 가깝기 때문에 봉선동 가격 상승의 수혜를 고스란히 누릴 수 있을 뿐만 아니라, 인근 노후 지역에서 수요가 지속적으로 발생해 앞으로가 더욱 기대되는 지역이다.

현재 풍암저수지 인근에 광주 중앙공원 민간공원특례사업이 진행 중이다. 2,772세대의 중앙공원롯데캐슬시그니처(1BL 929세대, 2-1BL 915세대, 2-2BL 928세대)가 들어설 예정이다. 특징은 국민 평형인 84타입이 2-2BL에만 206세대로 적은 수로 구성되어 있단 점이다. 44평부터 최대 90평의 펜트하우스까지 대형 평수 위주로 구성되어 있고 세대당 주차대수는 2대까지 제공된다. 완공되면 광주 최고의 프리미엄 아파트로 거듭날 것이다. 필자가 중앙공원롯데캐슬시그니처를 언급한 이유는 입지 가치 상승에 있어 프리미엄 아파트의 존재만큼 좋은 요인도 없기 때문이다.

프리미엄 아파트가 들어서면 지역 일대의 입지 가치가 크게 상승한다. 더샵염주센트럴파크(1,976세대) 84타입의 경우 2021년 11월 9억 원을 찍으면서 고급 아파트의 가치를 증명한 바 있다. 고급 아파트가 생겨 부촌이 형성되면 자연스럽게 금호동과 풍암동의 재건축 사업까지 빛나게 될 것이다. 부산 해운대 엘시티와 남구 W아파트, 대구 수성구 두산위브더제니스와 수성범어더블유W스퀘어가 있기에 그 지역 일대가 전국적으로 주목받은 것이다. 중앙공원롯데캐슬시그니처는 평당 2,600만 원에 달하지만 대부분 대형 평수이기에 분양가는 10억 원이 넘어간다. 현재 시장

분위기에서는 완판이 쉽지 않을 수 있다. 하지만 모든 것은 시간이 해결해줄 것이다.

상징적인 프리미엄 아파트가 들어서고 중앙공원이 개발되면 추가분담금 문제는 부각되지 않을 것이다. 광주에서 최고의 입지로 부상할 중앙공원 일대와 그 인근 노후도시인 금호동과 풍암동의 향후 움직임에 주목해보자.

6장.
청주·세종·창원:
광역시만큼 강하다

투자의 메카, 청주시

청주의

특징

청주는 충청도 최대의 도시이자 도청 소재지이며 인구수 85만 명으로 비수도권 중에서는 창원 다음으로 인구가 많은 지역이다. 자치구가 무려 4개나 있으며 청주일반산업단지, 청주공업단지, 오창과학산업단지, 오송생명과학단지 등 여러 산업단지가 인

두산위브지웰시티2차 84타입 매매가, 전세가 추이 (자료: 호갱노노)

근에 있어 일자리가 풍부히다. SK히이닉스, LG화학, 에코프로 등
우수한 회사가 많아 소득도 상대적으로 높고 매매가 대비 전세가
율도 높은 편이다.

청주의 일급지는 현대백화점, 지웰시티몰이 있는 복대동 일원
이다. 복대동은 대형 쇼핑몰과 도심 공원이 있어 거주 가치가 높
으며 LG화학, SK하이닉스가 있는 산업단지 바로 앞이기 때문에
직주근접도 뛰어나다. 복대동을 상징하는 두산위브지웰시티2차
(1,956세대) 84타입의 가격은 6억 원에 달하고 있다. 놀라운 점은

상급지에 위치한 아파트임에도 전세가율이 70%를 상회한다는 것이다. 2022년 초 고점이었던 전세가를 최근 거의 다 회복한 모습이다.

복대동 다음으로 청주에서 선호되는 지역은 가경동이다. 가경동은 서현초등학교, 서현중학교를 중심으로 가로수마을한라비발디(416세대), 가로수마을호반베르디움(459세대) 등 약 2,200세대 아파트가 밀집한 주거지역과 준수한 상업지역이 어우러진 계획된 주거선호지역이다. 기존 아파트들의 연식이 15년이 넘었기 때문에 상권이 잘 발달해 있고 학원도 많이 들어서 있어 주거선호지역으로 부상했다. 게다가 바로 인근에 가경아이파크1~5단지(3,678세대)와 가경자이(992세대)까지 총 4,670세대가 들어섰고 2027년 가경아이파크6단지(946세대)까지 들어선다면 약 8천 세대가 거주하는 주거밀집지역으로 탄생하게 된다.

청주 주변에는 대표적인 신도시 3개가 있다. 바로 오창과 오송, 송절이다. 오창은 2006년에 준공된 준신축이 대부분이며, 오송은 만수초등학교 인근에 2010년 준공된 아파트 단지가 있지만 2020년을 기점으로 대규모 신축이 들어서는 중이다. 오송은 추후 1만 3천 세대 규모의 신도시로 탄생할 예정이다. 송절은 봉명동 북쪽에 위치하고 있으며 2018년부터 현재까지 약 4,300세대

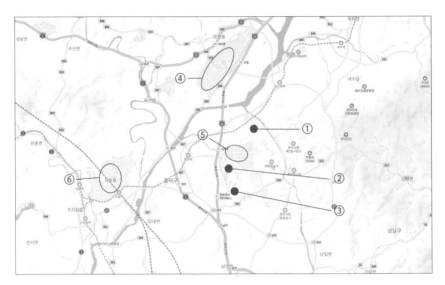

청주 주요 지역 지도. ①은 송절동 일원, ②는 북대동 일원, ③은 가경동 일원이다. ④는 오창과학산업단지, ⑤는 청주일반산업단지, ⑥은 오송생명과학단지다. (자료: 네이버지도)

의 아파트가 입주했다. 2027년까지 약 3,500세대가 추가로 들어설 계획이며 추후 8천 세대 규모의 도시가 될 예정이다.

지방 도시는 택지 개발이 수도권에 비해 좀 더 용이하기 때문에 아파트 가격 변동이 상대적으로 큰 편이다. 변동성이 큰 만큼 입주물량 확인은 필수이며 좋은 가격에 진입했다면 적당할 때 빠져나오는 결단력이 중요하다.

청주에서
주목해야 할 곳

이렇게 청주는 도시개발사업, 정비사업 등으로 신축이 계속 들어서고 있다. 신축에 대한 수요가 강해 경기가 좋지 않음에도 청약경쟁률은 상당했다. 2023년 11월 분양한 가경아이파크6단지(946세대)의 평균 경쟁률은 95.1:1에 달했고, 최고 경쟁률은 84타입에서 250.74:1을 기록한 바 있다. 하락기였음에도 주거 가치를 인정받은 모습이다.

2022년 기준 청주의 주택보급률은 113.7%로 충북 111.6%, 경북 113.2%, 전남 112.4%에 이어 전국에서 세 번째로 높다. 가구수 대비 주택수의 비율이 높다는 것은 그만큼 공급이 많았단 뜻이다. 어떻게 보면 공급이 많으니 집에 대한 수요가 적지 않겠느냐고 반문할 수 있지만 신축과 준신축의 전세가율은 아직까지 70~80%로 상당히 높은 상황이다. 신축, 준신축 아파트에 대한 수요가 상당히 높다고 볼 수 있다.

필자가 부동산 투자에서 가장 꺼려하는 표현은 신축에 주목하란 말이다. 하지만 청주만큼은 신축에 주목하라고 말하고 싶다. 청주의 경우 몇몇 구축은 전세가율이 100%를 넘기도 했고, 신축

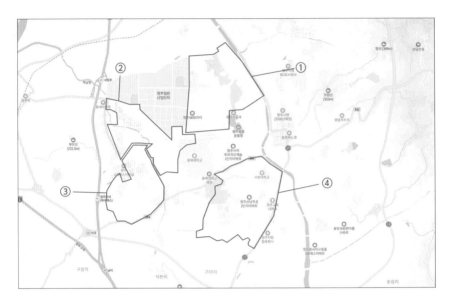

청주에서 노후도시특별법 수혜가 기대되는 지역. ①은 봉명동, 운천동 일원, ②는 북대동 일원, ③은 가경동 일원, ④는 산남동, 수곡동 일원이다. (자료: 네이버지도)

의 전세가율은 80%에 달하기도 했다. 앞으로도 청주는 신축에 대한 수요가 강세일 확률이 높다. 부동산이 하락하는 시기에는 신축일지라도 프리미엄이 없거나 마피인 매물도 심심치 않게 볼 수 있다. 이 부분에 주목해야 한다.

또한 청주는 노후도시특별법에 포함될 정도로 도시의 규모가 크고 노후도가 높은 지역 중 하나다. 노후도시특별법의 수혜를 기대한다면 투자금이 최소로 드는 구축에도 관심을 가질 필요가 있다. 단 재건축이 가능할 정도로 용적률이 낮고, 세대당 평균 대지 면적이 넓어야 하며, 용적률 인센티브를 받을 수 있는 곳이어야 한다. 여기에 공시가 1억 원 이하 주택은 취득세 중과에도 걸리지 않으니 추후 투자 수요가 유입될 가능성이 있다.

행정수도 세종특별자치시

세종의

특징

　세종시라 하면 제일 먼저 '투기과열지구'라는 말이 떠오른다. 2014년부터 2021년까지 10만 세대 이상의 입주물량 폭탄이 있었지만 7~8년이 넘는 기간 동안 세종시는 내내 상승했다. 그만큼 전국적으로 투자 열풍이 불었던 지역이다. 2014년에 입주한 중

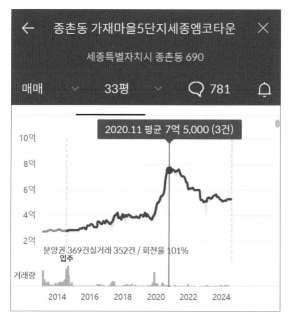

가재마을5단지세종엠코타운 84타입의 매매가 추이 (자료: 호갱노노)

촌동 가재마을5단지세종엠코타운(1,940세대) 84타입의 경우 입주 당시 2억 8천만 원 정도였으나 2020년 연말 7억 5천만 원을 찍으면서 260% 상승하는 놀라운 기록을 세웠다.

왜 이렇게 투자 열풍이 불었을까? 2012년 11만 5천 명이던 세종시 인구는 2023년 40만 명에 가까워지며 약 3.5배 증가했다. 대한민국에서 인구가 이렇게까지 폭등한 전례는 아마 찾아보기 어려울 것이다. 오늘날 세종은 정부 부처 대부분이 위치한 행정중

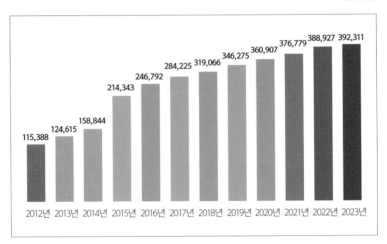

심복합도시로 자리 잡았다. 수도 이전, 국회의사당 이전 등 다른 신도시에서는 볼 수 없는 핵폭탄급 호재가 연달아 터지면서 투자 열풍, 아니 투자 광풍에 가까운 모습을 보였다.

　2013년부터 서울이 회복기, 상승기에 접어들면서 수도권 아파트 가격이 점차 올랐다. 이 당시 수도 이전 문제로 세종이 주목받자 수도권 투자자가 물밀듯이 유입되었고, 전세가는 변동이 없는데 매매가만 올라가는 기현상이 벌어졌다. 과거 세종은 실수요자가 아닌 대부분 투자 수요가 가격 상승을 이끌었다. 상승세가 가

파르자 투기과열지구로 지정되었지만 갭투자 수요를 완전히 막지는 못했다. 이후 2020년 하반기 취득세 중과 등 실질적으로 투자 수요를 원천 차단하는 정책이 나오자 그제야 투자 수요가 수그러들었고 세종은 전국에서 가장 먼저 하락하게 되었다. 이때 세종시 하락을 통해 투자 수요 감소에 영향을 주는 규제가 인구수가 적은 지역에서 얼마나 큰 위력을 발휘하는지 피부로 느낄 수 있었다.

세종시는 목표 인구를 80만 명으로 잡았으나 국가적인 인구 감소 추세로 인해 목표 달성 시점을 2040년으로 연장한 상태다. 당초 인구계획에 따라 도시를 설계했다 보니 남아 있는 미개발 부지가 있어 마음만 먹으면 언제든지 주택이 공급될 수 있다.

세종에서
주목해야 할 곳

세종은 대통령 제2집무실 건립, 세종지방법원 설치, 국회의사당 이전 논의 등 부동산 가격에 영향을 미칠 만한 대형 호재가 여럿 남아 있는 지역이다. 호재로 인해 부동산이 오를 것이라고 이

(단위: 명)

지역	2014년	2024년	인구 증감수
세종시	123,802	386,944	263,142
청주시	673,330	851,951	178,621
양산시	280,772	355,347	74,575
천안시	591,799	655,791	63,992
아산시	287,441	347,243	59,802

※광역시 제외, 1월 기준   자료: 통계청

야기하고 싶지는 않지만 세종은 아직까지 잔여 택지지구가 다수 남아 있는 상황이고, 행징과 입법 기능이 확대되면 인구수도 증가할 여지가 있다.

　통계청 자료에 따르면 최근 10년간 세종, 충청을 비롯한 충청권이 인구 상승을 주도한 것으로 나타났다. 2024년 1월 기준 전국 인구는 5,131만 3,912명으로 2014년 1월 대비 15만 명이 증가했는데, 광역시를 제외한 지방 도시 중 세종시가 26만 3,142명이 증가하며 1위를 기록했다. 그 뒤를 청주시(17만 8,621명), 양산시(7만 4,575명), 천안시(6만 3,992명), 아산시(5만 9,802명)가 따랐다.

상위 5곳 중 4곳이 충청권 도시인 것이다. 충청권이 상위권인 이유는 수도권과 인접해 있고 대기업 투자와 공공기관 이전으로 일자리가 풍부해졌기 때문이다.

세종은 가격만 보면 이미 대전을 넘어섰으며 충청도를 상징하는 지역이 되었다. 세종시의 경우 어떤 지역을 특정해서 보기보다 세종시의 정주여건 향상 여부에 집중하는 것이 좋다고 생각한다.

2014년부터 본격적으로 입주한 세종시는 실거주 가치가 점점 높아지고 있다. 근로 가능 연령대인 20~50대가 인구의 약 60%를 차지하면서 대전보다 정주인구 연령도 젊다. 타지역보다 노령화 속도가 늦다는 것은 그만큼 전세 비용을 지불할 여력이 충분하다는 뜻이다.

현재 세종의 전세가율은 굉장히 낮은 편이다. 새롬동 새뜸10단지더샵힐스테이트(1,027세대) 84타입의 경우 전세가율은 31.4%에 불과하며, 인근 다정동 가온마을1단지힐스테이트세종2차(1,631세대) 84타입의 경우 전세가율은 41.7%에 불과하다. 두 단지의 84타입 전세가는 2억 5천만 원으로 매매가 대비 굉장히 저렴한 수준이다. 그런데 앞으로도 세종의 전세가가 저렴할지는 두고 볼 문제다. 전세가 2억 5천만 원으로 대전과 청주에서 34평 신축 아파트를 구할 수 있을까? 고민해보면 답을 내릴 수 있다.

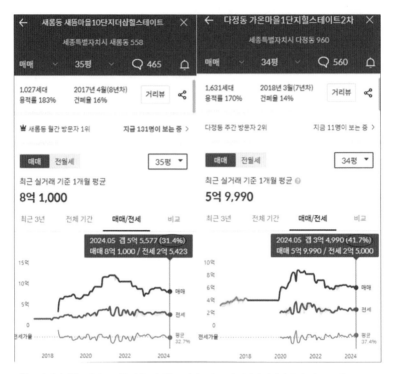

새뜸10단지더샵힐스테이트, 가온마을1단지힐스테이트세종2차 매매가, 전세가 추이 (자료: 호갱노노)

　지금 당장은 아니지만 세종은 점차적으로 전세가가 오르면서 실거주 가치를 증명할 것이다. 과거처럼 투자 수요가 유입되면서 매매가 오르고 전세가가 뒤따라서 오르기보단, 전세가가 오르면서 매매가의 상승을 압박하는 형태가 될 것이다. 향후 세종의 전세가 변동을 지켜봐야 하는 이유다.

제2의 공업도시, 창원시

창원의

특징

2010년 7월 창원시, 마산시, 진해시가 통합해 창원시로 새롭게 출범했다. 당시 인구 109만 명을 보유하면서 특례시가 되었다. 그러나 2024년 7월 기준 인구수가 100만 3,176명으로 감소하면서 추후 특례시 지위를 상실할 수 있다는 주장도 나오고 있다. 창원은 자동차, 조선 등 1980~1990년대 중공업의 부흥을 통해 인구가 폭발적으로 성장한 지역이다. 최근에는 베이비부머 세대의 은퇴, 업황 불황, 자동화 기술의 발전, 산업 고도화 등의 이유로 울산광역시와 함께 인구가 감소하고 있다.

창원은 성산구, 의창구, 진해구, 마산회원구, 마산합포구 순으로 인구가 많으며 기초자치단체 중 가장 많은 5개의 일반구가 설치되어 있다. 이 중 '구창원'이라 불리는 성산구와 의창구는 계획도시답게 도시 구획이 네모반듯하며 용지호수공원이 있는 용지동, 반림동이 대장 지역으로 꼽힌다. 용지동, 반림동 우측에는 가음동, 좌측에는 대원동, 중동 등의 주거선호지역이 분포해 있다. 창원의 인구수와 소득 수준은 상당히 높은 편이기 때문에 신세계는 중동 유니시티 일원에 스타필드 입점을 추진하고 있다. 그러나 PF 부실 사태로 건설 경기가 나빠지면서 2027년으로 개장이 연기될 가능성이 높다고 한다.

구창원 지역은 소득이 높고 입지가 단순하고 주거선호지역이 명확해 과거 투자자 유입이 상당했다. 2020년 〈PD수첩〉은 울릉도 거주자가 창원의 대장 아파트 중 하나인 용지아이파크를 5채나 들고 있다며 과열된 투자 열기를 보도한 바 있다. 이처럼 스타필드 입점 등 여러 호재와 함께 집값 상승 훈풍이 불자 재건축도

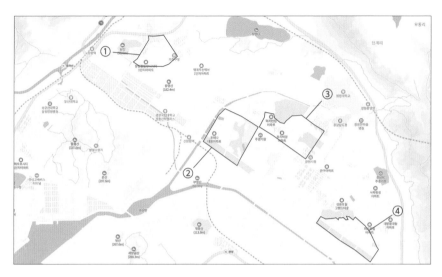

구창원 주거선호지역 지도. ①은 중동 일원, ②는 대원동 일원, ③은 용지동, 반림동 일원, ④는 가음동 일원이다. (자료: 네이버지도)

활발하게 추진되었다. 당시 창원의 투자 열풍을 우려한 정부는 수도권도 아닌 창원 의창구를 투기과열지구로 지정했다.

구마산 지역은 마산회원구와 마산합포구로 나뉘어 있다. 마산회원구는 메트로시티1단지(2,127세대)와 메트로시티2단지(1915세대)가 있는 양덕동 일대가 대장 지역으로 꼽힌다. 양덕동은 8천 세대 아파트가 밀집된 지역으로 학원이 모여 있고, KTX 마산역이 있으며, 상권과 인프라가 뛰어나 거주 가치가 높은 지역이다. 현재 양덕동 일대에는 재개발·재건축이 활발히 이뤄지고 있다.

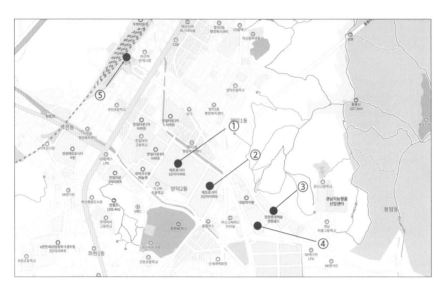

구마산 주거선호지역 지도. ①은 메트로시티1단지, ②는 메트로시티2단지, ③은 창원롯데캐슬센텀골드, ④는 창원롯데캐슬하버팰리스, ⑤는 마산역이다. (자료: 네이버지도)

양덕2구역 재건축인 창원롯데캐슬센텀골드(956세대)가 2023년 12월 입주했으며, 양덕4구역 재개발인 창원롯데캐슬하버팰리스(981세대)가 2025년 초 입주를 눈앞에 두고 있다.

마산합포구는 그동안 상승장에서 소외되었다. 입지 가치가 다소 낮다는 점과 창원월영마린애시앙(4,298세대)이 대규모 미분양으로 입에 오르내리면서 한동안 지지부진했다. 그러다 전국적인 대세 상승장 시기에서 다소 뒤처진 2021년부터 뒤늦게 오르기 시작했다. 이후 다시 하락장이 도래했고 뒤늦게 진입한 투자자는 상승분을 고스란히 반납해야 했다. 현재는 고점 대비 약 30% 가까이 하락한 3억 원 후반대에 머물고 있다.

마산합포구도 정비사업이 활발하게 추진되고 있다. 교방1구역은 2023년 8월 입주를 시작했으며 문화구역, 반월구역, 지산구역, 상남산호지구, 회원2구역에 약 8,700세대의 아파트가 신규로 들어설 계획이다. 현재는 답보 상태지만 업무시설, 숙박시설 등이 들어설 마산해양신도시 사업도 언젠가는 진척을 보일 것이기 때문에 어떤 식으로 상향여과가 진행될지 지켜봐야 한다.

창원시 진해구는 인구가 19만 명으로 가장 적으며 행정구역 면적도 가장 작다. 게다가 지형적으로도 부산 수영구, 울산 동구와 비슷하게 산과 바다로 둘러쌓인 기다란 형태이기 때문에 확장 가능성이 다소 떨어진다. 물론 진해는 해군기지가 있어 주거 수요가 그래도 꾸준한 편이다. 군인이라 해서 관사에만 거주하는 것이 아니라 인근 아파트에서 거주하는 경우도 제법 있기 때문이다. 그러나 투자를 할 때는 외부에서 수요가 지속적으로 유입되는지가 중요하며, 핵심 주거지인지 대체 주거지인지 여부도 중요하다. 아무래도 진해구는 구창원의 집값 변동에 따라 가격이 움직이는 대체 주거지이기 때문에 투자적 가치와 주거적 가치가 비례하지 않는 곳이라 볼 수 있다.

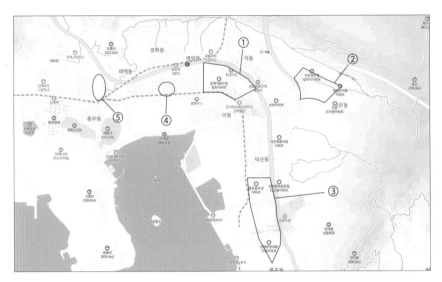

진해구 주거선호지역 지도. ①은 석동 일원, ②는 자은동 일원, ③은 풍호동 일원이고, ④는 경화구역(조합원 분양 단계), ⑤는 대야구역(관리처분인가 단계)이다. (자료: 네이버지도)

현재 구창원은 재건축이 활발히 진행되고 있고, 구마산은 재개발을 통해 신축이 들어설 예정이어서 투자 시장에서 주목받고 있다. 진해는 어떠한가? 진해의 경우 경화구역, 대야구역 등 정비사업이 진행되고 있지만 아파트가 밀집한 주거선호지역으로 부상하기에는 다소 무리가 있어 보인다. 진해가 구창원과 구마산처럼 경쟁력을 갖기 위해선 향후 어떤 노력이 필요할까? 고민이 필요한 부분이다.

창원에서
주목해야 할 곳

창원은 부산의 흐름과 유사하게 가는 측면이 있다. 또 소득이 높아 전세가율이 높다는 특징이 있다. 부동산 투자는 크게 두 갈래로 갈린다. 하나는 신축 투자이고, 다른 하나는 전세가율이 높은 구축·준신축에 대한 투자다. 신축 투자라면 구창원 지역을 실거주 관점에서 매수하는 것이 좋고, 실거주가 목적이 아니라면 높은 전세가율을 이용한 갭투자를 시도해볼 만하다. 실제로 창원을 비롯한 경남권은 다른 지역보다 전세가율이 높게 형성되어 있다. 2023년 전세가율이 80% 이상인 아파트 거래 비중을 보면 전국 평균은 20% 전후인 반면, 경남은 40% 전후를 오갔다.

확실한 것은 창원보다는 부산이 시장의 흐름을 주도하므로 부산 부동산을 먼저 살펴야 한다. 그다음 창원에서도 의창구, 성산구의 신축·준신축의 흐름을 보고 구축을 보는 편이 좋다.

창원은 소득이 높고 용지더샵레이크파크(883세대), 용지아이파크(1,036세대)를 중심으로 급지가 층위를 형성하고 있어 대장 아파트의 가격과 신축의 가격 차이가 상당하다면 저렴한 신축을 노릴 필요가 있다. 대장 아파트인 용지더샵레이크파크, 용지아이파크

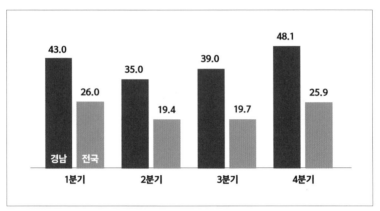

2023년 경남, 전국 전세가율 80% 이상 거래 비율

(단위: %)

- 경남 / 전국
- 1분기: 43.0 / 26.0
- 2분기: 35.0 / 19.4
- 3분기: 39.0 / 19.7
- 4분기: 48.1 / 25.9

자료: 부동산R114

의 금액이 과도하게 높다면 추후 회복기, 상승기에 접어들어도 이들 대장 아파트는 움직이지 않을 가능성이 크다. 가격이 낮은 신축 위주로 상승할 확률이 좀 더 높다고 본다. 여기서 말하는 신축에는 추후 정비사업으로 신축이 될 가능성이 있는 구축도 포함된다. 정비사업 가능성이 있는 물건의 경우 매매가와 예상 추가분담금을 함께 계산해 대장 아파트와의 가격 차이를 타진해야 한다. 만일 격차가 크다면 충분히 경쟁력이 있는 것이다.

아직까지 많은 사람이 창원의 과거 집값 상승기 시절의 영광을 기억하고 있다. 분명하게 밝히지만 실거주가 아닌 투자라면 창원보다는 부산이 낫다. 창원의 투자 가치를 폄하하는 것은 아니다. 가격과 입지적인 경쟁력 면에서 부산보다 후위에 있을 뿐이다. 부산과 창원은 경쟁관계가 아니다. 비슷하게 올라가고, 비슷하게 하락하는 경향이 있다. 투자를 고려하고 있다면 선택지는 정해져 있다고 본다. 다만 투자 시점에 따라, 투자금 규모에 따라 적합한 상품과 전략이 다를 뿐이다.

지방 아파트
투자 길라잡이

1장 - 지방 아파트도 옥석은 있다

2장 - 부동산 투자의 오해와 진실

1장
지방 아파트도
옥석은 있다

부동산 투자에서 중요한 것

입주물량은
시장의 방향키

전문가들은 말한다. 부동산 투자에서 입주물량만으로 시장을 논하는 것만큼 멍청한 일은 없다고. 물론 서울은 인구 대비 입주물량이 매년 적었고, 투자 수요가 한 지역 내에 국한되지 않고 전국에서 유입되기 때문에 상승장 때는 입주물량의 효과가 반감되

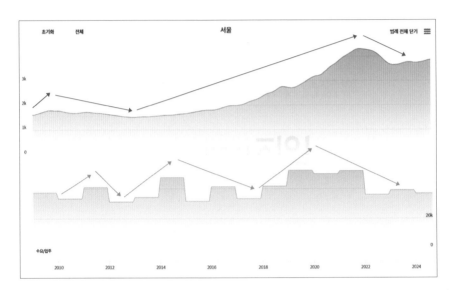

서울 매매가(위), 입주물량(아래) 추이 (자료: 부동산지인)

는 것이 사실이다. 입주물량은 상대적인 것이이시 입주물량이 많아도 가격은 오를 수 있고, 입주물량이 적어도 가격은 내릴 수 있다. 한 지역의 실거주 수요는 일정하지만 지역 밖에서 들어오는 투자 수요는 변동적인 부분이기 때문이다. 투자자라면 이 점을 간과해선 안 된다.

2016~2021년은 서울이 대세 상승했던 시기였다. 입주물량은 증가 추세였지만 부동산 가격은 내내 우상향했다. 만약 투자 수요 없이 오직 실수요만 있었다면 이 정도 상승은 없었을 것이다.

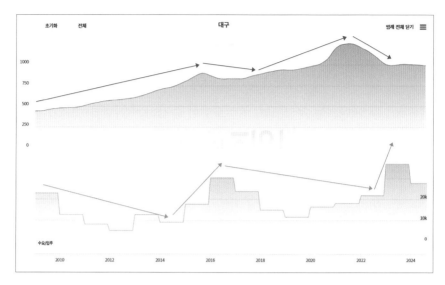

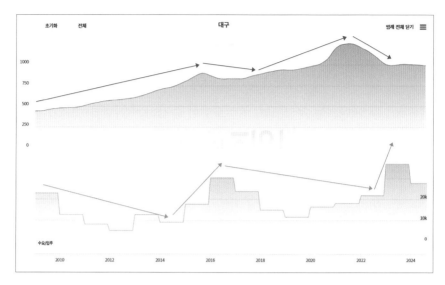

대구 매매가(위), 입주물량(아래) 추이 (자료: 부동산지인)

2012~2014년 서울은 입주물량이 증가하는 추세였지만 시장은
바닥을 찍었고, 2018~2021년 똑같이 입주물량이 증가하는 추세
에서 시장은 대세 상승장에 접어들었다.

그런데 지방은 조금 다르다. 수도권에 비해 상대적으로 투자 수
요가 적은 지방은 입주물량이 미치는 힘이 강하다. 입주물량이 증
가 추세에 있으면 매매가는 하락하고, 반대로 입주물량이 감소 추
세에 있으면 매매가는 상승한다. 대구 부동산을 보면 잘 알 수 있
다. 대구는 2009년부터 2015년까지 입주물량이 감소하자 매매

가가 올랐고, 2015~2017년 입주물량이 증가하자 매매가가 떨어지는 현상을 겪었다. 2017년부터 2021년까지 다시 입주물량이 감소되자 매매가가 상승했고, 2023~2024년 입주물량이 증가하자 매매가는 하락했다. 입주물량이 증감하는 기간과 매매가가 등락하는 기간이 시차 없이 100% 일치하지는 않았지만 때로는 선행하고, 때로는 후행하며 상당한 연관성을 보였다. 수도권과 달리 투자 수요보다 실수요에 의존하는 측면이 크기 때문이다.

어떻게 보면 지방 대도시 부동산은 그만큼 변수가 적기 때문에 흐름을 쉽게 예측할 수 있어 안전하다고 볼 수 있다. 지방 5대 광역시의 가격을 서로 비교하면서 고평가되었는지, 저평가되었는지 확인하기도 용이하다. 실제로 대구 아파트가 부산 아파트보다 가격이 비싸졌을 때 고평가에 따른 가격 하락이 있었고, 부산 아파트가 대구 아파트보다 저렴한 구간에 진입하자 저평가에 따른 가격 상승이 일어난 바 있다.

투자는 지속적이고 반복적인 수익 확보가 중요하다. 그러기 위해선 입주물량이라는 단순한 데이터와 부동산 가격 간의 상관관계를 이해하고 시장을 예측할 필요가 있다. 입주물량이 시장의 방향키임을 명심하자.

투자의
3요소

부동산 투자자에겐 세 가지 덕목이 필요하다고 생각한다.

첫째, 실행력이다. 주식과 달리 부동산은 내가 원하는 가격으로, 원하는 시기에, 원하는 조건으로 매수하기가 매우 어렵다. 부동산은 거래 시 매도인, 매수인, 세입자 3명의 의견을 조율해야 하기 때문에 매수, 매도, 임대 무엇 하나 쉬운 것이 없다. 아무리 하락장이어도 물건이 좋으면 망설여선 안 된다. 매수 타이밍을 놓치면 다른 좋은 물건이 나오기까지 시간이 얼마나 걸릴지 가늠하기 어렵다. 그래서 부동산 투자자에게는 실행력이 필요하다.

우수한 실행력을 갖추기 위해서는 기회가 왔을 때 매수할 수 있도록 스스로의 상황과 자금 여건을 명확히 분석해야 한다. 보유 주택 수에 따른 취득세와 양도세는 어떻게 되는지, 대출은 얼마나 받을 수 있는지, 동원 가능한 현금은 얼마나 되는지 등 평상시에 준비가 되어 있어야 적재적소 실행력을 발휘할 수 있다.

우유부단한 성격 때문에 실행력이 떨어진다는 사람도 있다. 성인인데 모든 일을 성격 탓으로만 돌리는 것은 능사가 아니다. 만약 체질적으로 실행력이 떨어진다면 부동산 투자 소모임, 스터디 등에 나가 여러 활동을 통해 목표와 결심을 공고히 하기 바란다. 사람들과 함께 투자를 공부하고 실천하고 복기하면서 실행력을 다질 수 있다. 모든 것은 마음먹기 나름이다. 작더라도 성공의 경험이 하나둘씩 쌓이다 보면 자연스럽게 실행력도 강해질 것이다.

둘째, 사고의 유연함이다. 부동산을 공부하다 보면 한 가지 투자상품에 매몰되는 경우가 많다. 재개발·재건축이 답이다, 경매가 답이다, 토지가 답이다, 임대사업이 답이다 옥신각신할 필요는 없다. 부동산은 분야별로 공부하고 이해하는 데 오랜 시간이 필요하기 때문에 한 가지 분야만 깊게 파고드는 사람이 많다.

필자는 여러 부동산 상품을 두루 매수하고 매도해본 경험이 있다. 절대적인 정답은 없다고 생각한다. 어떤 상품이든 장단은 있다. 임대사업을 하면 현금흐름은 생기니 공실과 수리로 인해 실질수익이 감소할 수 있고, 재개발·재건축 투자는 안전마진이 바로 생기는 긍정적인 측면은 있지만 사업 자체가 무산되거나 생각보다 프리미엄이 상승하지 않을 수도 있다. 상품마다 장단점이 있기에 나의 자본과 성향, 그리고 시기에 따라 유연하게 선택할 필요가 있다. 물론 그러기 위해서는 아파트, 토지, 빌딩 등 다양한 분야를 공부해야 한다. 자산이 적을 때는 아파트 투자로 쉽게 성과를 낼 수 있지만 자산이 많아지면 주택에 적용되는 종부세 등 촘

촘한 세금 규제로 인해 아파트만으로 수익률을 높이기가 어렵다. 상가, 꼬마빌딩 등 포트폴리오를 다변화해야 한다.

"7억 원 하던 아파트가 15억 원이 되었어. 아파트가 정답이야." "30억 원 주고 산 꼬마빌딩이 50억 원이 되었어. 꼬마빌딩이 정답이야." 서로 싸울 필요는 없다. 시기와 자산 규모에 따라 상품도 달라져야 한다. 해가 뜨는 곳이 있으면 해가 지는 곳이 있기 마련이다. 무엇이 현재 나에게 최선일지 늘 고민하도록 하자.

셋째, 부동산 매매는 결국 '투자'다. 내 집 마련을 위한 실거주적 관점으로 접근해야지 무슨 투자냐고, 부동산은 상품이 아니라고 강조하는 사람이 있다. 그런데 부동산은 적어도 한국에서는 상품이 맞다. 한국인이 보유한 자산 중 가장 많은 비중을 차지하는 것이 부동산이기 때문이다. 원하든 아니든 부동산을 매매하는 행위 자체가 곧 투자임을 인정해야 한다.

부동산 매매가 투자임을 인정하면 시야가 달라진다. 투자는 실패할 확률이 상존하기에 결국 실패할 확률부터 줄이는 것이 관건이다. 그러기 위해서는 원칙과 기준을 세워야 한다. 인구가 80만 명 이상인 광역시만 매수하겠다, 아파트 또는 아파트가 될 물건만 투자하겠다, 1층은 사지 않겠다 등 확실한 원칙을 갖고 물건을 매수해야 한다. 부동산 투자에서 매도가 꽃이라고 하지만 필자는 좋은 매수가 있어야 좋은 매도도 따라온다고 생각한다. 매수 단계부터 잘 챙겨야 출구 전략을 세우기 좋다.

간혹 부동산은 반드시 오랫동안 보유해야 한다 생각하는 사람이 있다. 부동산이 장기 투자에 적합한 상품인 것은 맞지만 편견을 가져선 안 된다. 투자상품이기에 가격의 등락이 있으며, 연식이 높아질수록 수요는 자연스럽게 감소한다. 적당한 시점에 적당한 가격에 익절을 해야만 한다. 물론 익절하고 나서 더 오를 수도 있지만 반대로 떨어질 수도 있는 것이 부동산이다. 하락기를 맞이하면 수요 자체가 급감해 아예 팔리지 않는 상황에 봉착할 수 있다. 설령 떨어지지 않고 오른다 해도 그 부분은 다음 매수자의 것이라 생각하는 편이 심리적으로 좋다.

매도 시점에 대해 감이 잘 오지 않는다면 다음의 두 가지를 기억하자. 매도 타이밍은 생각보다 아주 단순하다. 첫째, 실거주자든 갭투자자든 현재 보유한 주택이 공실 예정이어야만 집을 팔 수 있다. 상승 정점에서는 매매가와 전세가 자체가 상당히 벌어져 있기 때문에 전세를 끼고 매도하는 것 자체가 불가능에 가깝다. 그래서 매도 시점은 대부분 내가 정하는 것이 아니라 상황으로 정해진다. 둘째, 매도하기 위해서는 명분이 필요하다. 팔고 나서 곧바로 다른 데 투자할 곳이 있다면 좋은 명분이라 할 수 있다.

좋아질 것, 좋아질 곳

"앞으로 좋아질 것, 좋아질 곳에 투자해야 합니다."

　필자가 온오프라인 강의를 하면서 자주 하는 말이다. '것'은 사물이고 '곳'은 지역을 의미한다. 부동산을 싸게 사서 비싸게 파는 것이 곧 성공을 위한 본질적인 법칙이다. 부동산을 싸게 사려면 매수 시점에 다수가 해당 물건을 좋지 않게 생각해야 한다. 비싸게 팔기 위해서는 매도 시점에 누구나 그 물건을 좋게 생각해야 한다.

노후된 지역이 철거되고 새롭게 개발되면 부유층이 유입되어 부촌으로 거듭나곤 한다. 재개발·재건축 등으로 신규 아파트가 들어서면 도심에서 가까운 곳에 새로운 신도시가 탄생하는, 이른 바 상향여과 현상이 일어난다. 서울에서는 대표적으로 아현뉴타운, 왕십리뉴타운이 있다. 뉴타운이 들어서기 전까지는 청사진을 그리는 사람이 적기 때문에 가격이 저렴하고, 뉴타운이 완공된 이후에는 누구나 좋게 생각하는 지역이기에 대중의 인식 변화와 함께 가격이 뛴다.

'좋아질'이라는 형용사는 미래라는 의미를 내포하고 있다. 현재는 매수세가 약해도 2~3년 뒤 공급이 감소하고 전세가가 오르기 시작하면 매매가는 상승하게 되어 있다. 바로 그런 '것'과 '곳'을 찾아야 한다.

사람들이 부동산을 사는 본질적인 이유는 바로 지금 이 순간 가격이 오르고 있기 때문이다. 대중은 이미 오른 가격을 보고 시장이 좋다고 판단하면서 진입한다. 대중과 함께 움직이는 것이 아니라, 좋아지기 전에 선제적으로 진입해야만 변수에 대응할 수 있다.

규제 완화를
기다리지 말자

경쟁력 있는 물건이 저렴하게 나왔다면 과감하게 움직여야 한다. 규제가 강하다고 망설이기보다는 시장이 어두운 시기에 선진입하는 것이 합리적인 선택이라 생각한다.

투자에서 가장 중요한 것은 수익률이다. 아무리 과정이 좋았다해도 손해를 본다면 그건 실패한 투자다. 실패에서도 분명히 배울 점은 있지만 투자는 결과로 증명하는 냉정한 영역임을 인정해야 한다. 투자는 살지 말지를 결정하는 일에서부터 시작한다. 산다면 보유를 하는 것이고 부동산은 자연스럽게 2년 이상의 중장기 투자로 이어진다. 2년 이상 보유해야만 양도소득세를 일반세율(6~45%)로 적용받을 수 있다. 갭투자라면 세입자와 기본 2년은 계약을 해야 하는데 도중에 전세입자를 승계하는 조건으로 매도하기란 상승장에서도 쉽지 않다. 그래서 부동산은 단기 투자를 하기 어려운 구조다.

부동산은 장기 투자상품이기 때문에 매수 시점의 시장 환경이 아닌 최소 2년 후 달라질 시장을 내다보고 투자해야 한다. 2024년을 기준으로 부동산 매수를 망설이게 하는 제약사항으로는 높은 금리와 취득세 중과 문제가 있다. 높은 금리는 무주택자의 내집 마련과 1주택자의 갈아타기를 주저하게 만들고, 취득세 중과는 다주택자 투자의 가장 큰 장애물 역할을 하고 있다. 많은 전문가가 일단은 현금을 보유하고 금리, 거래량, 규제 등 여러 지표가 개선되기를 기다리라고 강조한다. 그런데 실질적으로 지표가 개선되면 실거래가는 오르지 않아도 최소한 호가는 오르게 되어 있다. 매수자가 매수환경이 개선되기를 기다리는 것처럼 매도인도 매도환경이 개선되기를 무척이나 바라고 있기 때문이다. 협상을 통해 이미 올라간 호가를 낮추기란 정말 쉽지 않다.

매수인은 어떻게 하면 싸게 살 수 있을까를 고민하고 매도인은 어떻게 하면 비싸게 팔 수 있을까를 고민한다. 실거주든 투자든 매수 희망자가 부동산 투자에서 성과를 보기 위해서는 결국 시장이 가장 어두울 때 진입하는 수밖에 없다. 현재 건설사 PF 부실 사태 등 대외변수로 인해 부동산 매수를 망설이는 투자자가 많다. 그런데 우리가 모르는 사이 정부와 금융기관은 건설사 도산이 최소화될 수 있도록 불철주야 노력하고 있다. 또 이미 정부는 부동산 연착륙을 위한 마스터플랜을 갖고 있다. 2008년 글로벌 금융위기 이후 2013년까지 서울은 장기간 하락했고 건설사의 연쇄 부도를 막기 위해 정부는 온갖 규제 완화로 시장을 부양했다. 이처럼 정부는 과거에 시장을 살린 성공 경험이 있고, 이미 검증된 성공사례를 손에 쥐고 있으니 비슷한 부양책을 다시 내놓을 가능성이 높다.

앞으로 소형주택을 구입할 경우 취득세가 절감된다. 소형주택뿐 아니라 지방의 준공 후 미분양 아파트를 구입할 경우에도 취득세를 절감할 수 있게 된다. 현행 주택 취득세율은 세대별 주택 수에 따라 세율이 달리 적용되는데, 소형주택이나 지방의 준공 후 미분양 아파트를 구입할 경우 해당 주택은 취득세액 산출 시 주택 수에서 제외하면서다. 최대 절감할 수 있는 취득세는 4,200만 원이다.

2024년 3월 19일 〈뉴시스〉 기사다. 이처럼 정부는 지방의 준공 후 미분양 아파트를 취득할 경우 취득세 중과에서 벗어날 수 있는 규제 완화를 발표했다. 수도권의 잠재된 투자 수요가 언제라도 폭발할 수 있으니 지방부터 숨통을 트여주겠단 의도다. 지방 위주로 부동산 시장을 활성화시키겠다는 정부의 확고한 의지다. 현시점에서 정부의 최우선 과제는 건설사를 최대한 살려서 주택 시장에 공급이 중단되지 않도록 만드는 것이다. 어차피 건설업이 살아나기 위해서는 세제 혜택 등 규제 완화가 필요하다. 2023년

특례보금자리론으로 시장의 반등을 직접 목격했듯이 규제 완화야말로 주택 시장을 활성화시키는 특약처방임은 분명해 보인다. 그러나 수도권을 풀어주는 정책은 정치적으로 리스크가 있고 전국으로 불이 옮겨 붙을 수 있어 지양할 것으로 보인다. 적어도 향후 수년은 '지방 살리기'로 갈 가능성이 높다.

정부는 마스터플랜을 갖고 있지만 언제 발표할지는 모른다. 하지만 규제 완화로 가는 정부의 기조는 명확하기 때문에 규제 완화를 기다리기보다는 어두운 시기에 선진입하는 편이 합리적이라 생각한다.

자본금은 얼마나 필요할까?

부동산에 투자하기 위해서는 최소한 얼마가 필요할까? 강연장에서 비슷한 질문을 받으면 보통 많으면 많을수록 좋다고 이야기한다. 어떤 지역이 우상향한다고 가정했을 때, 일반적으로 입지가좋은 곳에 위치한 비싼 것이 가장 먼저 오른다. 상승률은 동일해도 비싼 물건의 시세차익이 훨씬 크며 추후 팔기에도 용이해 안전하다. 그런데 모든 사람이 비싸고 좋은 것을 살 수는 없다. 그래서 갭투자가 각광을 받는 것이다.

매매가 10억 원, 전세가 7억 원인 A아파트와 매매가 7억 원, 전세가 4억 9천만 원인 B아파트가 있다고 가정해보자. 전세가율은 70%로 동일하다. A와 B의 매매가 차이는 3억 원이지만 소요되는 갭투자금의 차이는 9천만 원이다. 그럼 매매가 8억 원, 전세가 5억 6천만 원인 C아파트와 B아파트를 비교한다면 어떨까? 매매가 차이는 1억 원인데 반해 소요되는 갭투자금 차이는 3천만 원에 불과하다. 편의상 전세가율을 70%로 고정했지만 실제 부동산 시장에서는 동, 층, 향 등에 따라 매매가와 전세가율은 조금씩 다르다. 갭투자를 잘 활용하면 적은 금액으로도 비싼 아파트에 투자할 수 있다. 이처럼 자신이 가용 가능한 투자금 내에서 최대한 좋은 것을 살 수 있도록 노력해야 한다.

그럼 사회초년생과 같이 자본금이 매우 부족한 상황에서는 어떻게 해야 할까? 사회초년생이라면 어느 정도 인고의 시간은 필요하다. 필자는 최소한 5천만 원은 만들어야 한다고 본다. 물론 500만 원, 1천만 원을 가지고도 투자할 수 있는 소액 투자처가 있기는 하다. 하지만 이제 막 투자를 시작하는 사회초년생이라면 목돈 모으기라는 기본기 훈련이 필요하다. 모을 줄 알아야 지킬 줄 알고, 지킬 줄 알아야 불릴 줄 안다. 또 투자금이 적을수록 하위급지를 선택해야 하기 때문에 당장 있는 1천만 원으로 리스크가 큰 부동산을 매수하기보단, 목돈을 모으는 과정에서 좋은 부동산을 고를 수 있는 안목을 키우며 기회를 기다리는 편이 좋다.

조급할 필요는 없다. 좋은 투자처는 항상 열려 있다. 이번 장을 놓친다 해도 다른 좋은 기회는 얼마든지 또 있다. 사회초년생이라면 현재가 아니라 앞으로가 더 기대되는 나이이기 때문에 목돈을 모으면서 꾸준히 공부하길 권한다.

공시가 1억 원
이하는 위험하다?

2020년 8월 7·10대책 후속으로 지방세법이 개정되면서 다주택자와 법인에 대한 취득세 중과가 시행되었다. 다주택자의 부동산 투자가 원천 차단된 것이다. 규제에 가로막힌 투자자들은 한동안 길을 잃고 헤매야 했다. 물론 이후에도 부동산 가격은 상승했지만 1주택자와 무주택자의 힘으로만 가격을 견인해야 했다. 이처럼 취득세 중과는 시장의 매수 동력을 감소시키는 강력한 규제에 해당한다. 그런데 취득세 중과에 예외 기준이 있었다. 공시가격 1억 원 이하인 주택이라면 개인이든 법인이든 취득세(지방교육세 포함) 1.1%가 적용된 것이다. 단 재개발·재건축, 소규모 재건축 사업으로 지정된 구역 내 주택은 공시가격 1억 원 이하일지라도 취득세 중과가 적용되었다.

정부가 공시가격 1억 원 이하 주택을 취득세 중과에서 제외시킨 이유는 거래 위축에 따른 후폭풍을 최소화하기 위함이었다. 실거주 목적의 저소득층이 피해를 입지 않도록 배려한 것으로 추정된다. 취득세 중과 규제가 시행되자 투자 수요가 전국의 공시가격 1억 원 이하 주택으로 몰리는 기현상이 발생했다. 수도권 소재 공시가 1억 원 이하는 가격이 급등했고, 지방 광역시도 마찬가지로 투자금이 유입되면서 가격이 급등했다. 이후 2021년 연말부터 대세 하락장에 휩쓸리면서 공시가 1억 원 이하 주택은 부침을 겪는다.

공시가 1억 원 이하는 위험하니 주의하라는 전문가도 많다. 이유는 크게 두 가지인데 하나는 공시가 1억 원 이하 주택은 보통 노후도가 높아 수요가 낮기 때문이고, 다른 하나는 내가 살 때는 공시가 1억 원 이하지만 추후 1억 원을 넘어서면 규제 대상이 되므로 매도가 힘들어질 수 있기 때문이다. 그러나 공시가 1억 원 초과 여부는 크게 중요하지 않다고 생각한다. 그보다는 시장의 사이클이 어느 시점인지가 관건이다. 동일한 지역이라면 특정한 것만 상승하고 하락하는 것이 아니라 오를 때 같이 오르고 내릴 때 같이 내리기 때문에 잠재된 상품성만 충분하다면 투자할 가치가 있다.

그렇다면 공시가 1억 원 이하 주택은 어떤 점을 중점적으로 봐야 할까? 핵심은 호재 여부다. 내가 사고 나서도 다음 매수자가 지속적으로 유입될 수 있는 상품이라면, 즉 재건축 여지가 있다면 전문가가 우려하는 '낮은 수요' 부분은 불식될 것이다. 특히 공시가 1억 원 이하의 노후 아파트가 밀집된 곳은 거주 인구가 많고 수십 년에 걸쳐서 발달한 상권까지 있어 집이 낡았다는 점만 빼면 수요는 충분하다. 공시가 1억 원 이하일지라도 수요층이 두터운 곳이라면 얼마든지 경쟁력이 있다. 물건을 제대로 보지도 않고 수요가 낮아 오르지 않을 것이라는 전문가의 주장은 추측에 불과하다.

2장

부동산 투자의
오해와 진실

청약 당첨을 계속 노리는 것이 맞을까?

  아파트 청약의 장점은 무엇일까? 청약을 노리는 이유에 대해 물으면 보통 새집을 싸게 마련할 수 있기 때문이라고 말한다. 그런데 만일 분양하는 아파트의 가격이 비싸다면 어떨까? 아마 대부분은 저렴한 분양가라는 메리트가 없는 이상 청약에 도전하지 않을 것이다. 물가가 안정되어 있고 건설 경기가 좋을 때는 건설사 간 경쟁이 심화되기 때문에 분양가도 나름 합리적인 편이다. 그런데 최근에 분위기가 달라졌다. 기준금리 인상, 원자재 가격

급등, 달러 가격 상승 등 건설 원가는 나날이 고공행진을 거듭하고 있고, 건설사의 연이은 도산으로 아파트 공급량은 갈수록 줄고 있다.

앞으로는 상황이 좀 나아질까? 러시아-우크라이나 전쟁, 중동 전쟁 등 아직도 세계 경제에는 악재와 변수만 가득하다. 이런 와중에 아파트를 짓는 일은 예측 불가능한 리스크를 안고 사업을 하는 것과 같다. 그만큼 분양가도 비싸게 책정될 수밖에 없다. 시세보다 저렴한 수준이 아니라 오히려 시세보다 비싸게 책정되는 경우도 적지 않다.

과거 상승장 때는 분양가가 시세보다 낮게 책정되었기 때문에 프리미엄이 붙으면서 투자 수요가 따라 붙었다. 최근에는 분양을 받고 나서 분양가의 10%인 계약금을 포기하고 전매하는 소위 '마피'도 발생하고 있는 상황이다. 전세가라도 높으면 등기라도 치겠지만 신축이 다수 들어서는 지역은 전세가가 60% 미만으로 형성되기 때문에 눈물을 머금고 손해를 보고서라도 분양권을 던지는 것이다.

시장은 참으로 냉정하고 균형적이다. 가격을 시장에서 받아주지 않으면 적정가까지 하락하게 되고, 아무리 암흑기라도 가격을 받아줄 새로운 수요가 창출되면 가격은 오른다. 앞으로의 분양도

분위기는 비슷할 것이다. 건설사 입장에서는 토지를 비싸게 매입했고 건설 원가까지 상승해 분양가를 내릴 수 없는 상황이다. 분양가가 오르면 청약의 매력도는 떨어지게 된다.

청약도 옥석을
가려야 할 때

상투적인 표현이지만 이제는 옥석 가리기를 해야 하는 시점이다. 분양가만 보는 것이 아니라 해당 지역의 부동산 사이클은 어떤지, 입지적 가치는 얼마나 높은지, 추후 실입주를 하지 않는다면 예상 전세가는 어느 정도인지, 분양가에서 전세가를 뺀 차익을 마련할 수 있는지 등 시간을 들여 종합적으로 분석해야 한다.

너무 청약에만 매달릴 필요는 없다. 부동산 소유권을 나에게 이전하는 방법에는 일반 매매, 경매, 공매 등 여러 가지가 있다. 청약은 내가 소유권을 갖는 여러 방법 중 하나일 뿐이다. 청약 당첨 자체에 의미를 두기보다는 하나의 옵션으로 생각하고, 분양권 본연의 가치가 높을 때만 청약을 시도하는 것이 좋다.

현재 전국적으로 쌓여 있는 미분양 물량은 시간이 가면 점차 해소될 것이다. 할인 분양도 나올 것이고, 마피도 나올 것이기 때문에 우리가 원하든 원하지 않든 시장은 스스로 자정작용을 하게 되어 있다. 과거처럼 청약에 목숨을 거는 시기는 지났다. 미분양 또는 마피로 나온 분양권의 시장가가 적당한지 판단하고 과감하게 진입하는 것도 한 방법이라 생각한다.

투자에는 여러 리스크가 있지만 그중 불확실성만큼 위험한 것은 없다고 본다. 청약은 불확실성에 베팅하는 것이다. 당첨될지 안 될지도 모르는데 당첨만 바라보고 기다리는 것은 위험을 자초하는 일이다.

수익형 부동산의 함정

월세의
___
함정

　누구나 일하지 않아도 매월 계좌에 현금이 따박따박 들어오는 건물주의 삶을 꿈꾼다. 그런데 따박따박 들어오는 현금흐름만 생각하고 수익형 부동산에 투자했다가 낭패를 보는 사람들이 있다. 바로 오피스텔, 생활형숙박시설, 지식산업센터에 투자한 사람들이다. '매매가가 오르지 않아도 매달 월세가 나오는 게 어디야?' 하는 안일한 생각으로 물건도 잘 분석하지 않고 덜컥 매입한 경우다. 적어도 손해는 보지 않으려면 최소한 가격이 떨어지지는 않고 유지되어야 하는데 매매가 자체가 하락하는 현상도 심심치않게 목격된다.

주거용 오피스텔을 예로 들어보자. 매월 월세가 잘 나오는데 가격이 떨어졌다면 이유는 무엇일까? 이런 상품을 매수하는 주체에 대해 고민해본다면 답은 쉽게 나온다. 오피스텔에 대한 수요는 오직 투자자로만 구성되어 있다. 실거주 목적으로 매수하는 사람은 거의 없다고 해도 무방하다. 월세를 받기 위해서든, 시세차익을 얻기 위해서든 돈을 벌기 위한 목적성을 가진 투자 수요가 대부분이다. 주식 시장의 변동성이 큰 이유는 무엇일까? 바로 투자자로만 구성된 시장이기 때문이다. 대외변수에 따라 매수심리가 쉽게 흔들리고, 시장이 어려워지면 매물을 낮은 가격에 던지는 일이 비일비재하다.

오피스텔은 아파트 시장이 활황기일 때 자주 거래된다. 오피스텔이 아파트의 대체상품이기 때문이다. 아파트 가격이 오르지 않으면 사람들은 주목하지 않는다. 아파트 상승장이 정점을 찍어야만 비로소 신축 오피스텔이 주목을 받는다. 오피스텔은 아파트에 비해 매매가 저렴해 보이지만 실사용 면적 대비 평당가를 따져보면 결코 저렴하지 않다.

건설 경기가 좋으면 건설사들은 너도나도 토지 매입에 뛰어든다. 이때 부지면적은 작지만 용적률은 높아 오피스텔을 지을 수 있는 상업지역은 경쟁률이 올라간다. 경쟁률이 올라가면 몸값은 천정부지로 치솟는다. 신축 아파트는 분양가를 그래도 주택도시보증공사에서 관리하기 때문에 가격 책정이 합리적이지만 오피스텔은 그렇지 않다. 시행사와 건설사가 임의로 정하기 때문에 거품이 상당히 끼어 있을 수밖에 없다.

사람들이 현혹되는 이유는 아파트 대비 매매가가 낮기 때문인데 실질적으로 따져보면 결코 낮은 가격이 아니다. 초기에 오피스텔을 산 사람은 비싼 가격에 매수한 것이고, 오랜 기간 가격이 제자리걸음을 걸을 때 혹은 거품이 빠졌을 때 구매한 사람이 제값을 주고 산 것이다.

마지막으로 수익형 부동산의 가격은 금리와 매우 밀접하다. 오피스텔을 순수 현금으로 매수하는 사람은 거의 없다. 대부분 대출을 받아 매수한다. 예를 들어 매매가 1억 원짜리 오피스텔을 매수하기 위해 매매가의 70%인 7천만 원을 대출받고 보증금 1천만 원, 월세 60만 원의 세입자를 세팅했다고 가정해보자. 대출 이자

3%를 제외한 순수익은 월 42만 5천 원(월세 60만 원-대출 7천만 원×이자 3%÷12개월)이다. 연간 510만 원을 버는 것이다. 그런데 대출 금리가 상승해 5%가 된다면 어떻게 될까? 월 순수익은 약 30만 원(월세 60만 원-대출 7천만 원×이자 3%÷12개월)으로 떨어진다. 투입된 투자금 2천만 원(자기자본 3천만 원 - 보증금 1천만 원) 대비 수익률을 계산해보면 금리가 3%인 경우 25.5%인 반면, 금리가 5%로 오르면 7.5%p 떨어진 18%가 된다. 수익률이 낮아지면 투자자의 발길이 끊겨 물건을 비싸게 팔 수도 없다.

기준금리가 1~2% 올라도 정기예금보다 수익률이 높아 보이지만 공실률을 반영하지 않은 수치다. 인근에 신축 오피스텔이 들어서면 공실기간은 길어질 수 있다. 또 매매가가 떨어지면 원금에 손실이 생기기 때문에 원금이 보장되는 은행 정기예금보다 못할 수 있다.

필자는 수익형 부동산이 지닌 여러 리스크를 '월세의 함정'이라 부른다. 월세라는 달콤한 유혹에 빠지면 예상 못한 후폭풍이 닥칠 수 있다. 그중 하나가 일시적 1가구 2주택 양도소득세 비과세 혜택을 받지 못하는 것이다. 이 경우 수익형 부동산을 안 사느니만 못한 결과를 얻게 된다. 예를 들어 1억 원의 양도차익이 발생하면 양도소득세만 1,800만 원 정도에 달한다. 70만 원씩 2년간 받은 월세를 세금으로 내는 격이기 때문에 손해가 이만저만이 아니다. 공실 걱정으로 애태운 일, 세입자와의 갈등으로 겪은 스트레스 등이 모두 수포로 돌아가는 것이다.

재개발·재건축이 항상 정답일까?

재개발·재건축만 되면 큰돈을 번다고 맹신하며 무리하게 투자하는 사람이 있다. 헌 집을 주고 새집을 받는 것이니 정비사업이 별 탈 없이 진행되면 수익이 높은 것은 사실이다. 그러나 사업이 진행되는 과정에서 문제가 생기거나 사업이 지연될 수 있기 때문에 무조건 돈을 버는 것은 아니다. 수익형 부동산처럼 재개발·재건축 상품 역시 실수요가 아닌 투자 수요가 주를 이룬다. 실거주 수요가 전혀 없기 때문에 대외변수에 크게 흔들릴 수 있고 하락기에는 손실이 커질 수 있다.

　재개발·재건축 전문가들은 하나같이 정비사업은 안전마진 때문에 매우 안전한 투자법이라고 강조한다. 예를 들어 1억 원짜리 빌라가 있고 재개발이 진행된다고 가정해보자. 구역 지정, 조합 설립, 시공사 선정, 종전자산 감정평가, 관리처분인가, 이주, 철거 등 복잡한 재개발 단계를 하나씩 넘을 때마다 시세는 상승한다. 빌라를 매수한 최초 매매가에서 신축 분양을 받기 위해 예상되는 추가분담금을 합산해 미래에 받을 신축의 최종 취득가액을 추정한다. 여기서 추정된 최종 취득가액과 인근에 있는 신축 아파트 가격과의 차이가 바로 안전마진에 해당한다.

　2024년에 내가 1억 원짜리 빌라를 샀고 추가분담금 2억 원을 부담한 뒤 10년 뒤 신축을 받는다고 가정해보자. 투입된 돈 3억 원은 신축의 최종 취득가액에 해당한다. 만약 현재 인근 신축의 시세가 7억 원이라면 4억 원의 안전마진이 생긴 것이다. 10년 후 인근 신축의 시세가 7억 원에서 10억 원으로 오른다면 나는 1억 원짜리 빌라를 사서 10억 원짜리 아파트를 얻은 셈이다. 누구든 혹할 만한 내용이다. 실제로 이런 논리로 재개발 투자를 독려한다. 그런데 여기에는 결코 간과해선 안 될 숨겨진 두 가지 가정이 있다. 첫째, 집값이 우상향해야 한다. 둘째, 재개발 사업이 순탄하게 흘러가야 한다. 이 두 가지 가정이 반드시 전제조건으로 깔려 있어야만 안전마진도 확보되는 것이다.

100%는
없다

이번 하락장에서 재개발·재건축 상품은 엄청난 하락세를 겪었다. 그렇게 안전마진이 있다고 강조했건만 하락을 피할 수는 없었다. 안전마진의 기준점이 되는 인근 신축 아파트의 가격이 하락했기 때문이다. 또 공사비 상승으로 인한 추가분담금의 상승도 하락의 주요 원인이었다. 무엇보다 큰 문제는 재개발 구역 내 빌라, 단독주택 등은 전세가가 상당히 낮다는 점이다. 이를 매수하기 위해서는 전액 현금 또는 일부 대출을 받아서 잔금을 치러야만 한다. 대출을 받는 차주에게는 DSR 규제가 적용되며, 설령 대출이 나온다고 해도 고금리 시대에는 투자 수요가 줄어들어 환금성이 떨어진다.

물론 지역주택조합과 비교하면 재개발·재건축은 안전하다. 하지만 상대적으로 안전한 것이지 전적으로 안전한 것은 아니다. 재개발·재건축 물건은 수많은 투자상품 중 하나일 뿐이다. 아무리 상품성이 우수해도 사이클의 방향이 꺾이면 가격 하락을 피할 수 없다. 즉 재개발·재건축 사업의 우수성 여부를 분석하기 이전에 해야 할 일은 해당 지역의 사이클을 분석하는 것이다.

어떤 부동산 상품이든 100%는 없다. 다만 리스크의 정도가 다를 뿐이다. 리스크를 어느 정도 감수할지는 내가 선택할 수 있는 영역이다. 재개발·재건축 투자가 매력적인 것은 맞지만 이 세상에 100%란 없다. 일확천금을 바라고 투자하면 필패로 이어진다. 수익이 적어도 안전한 것을 추구해야 한다. 부동산은 최소 2년 보유가 기본이기 때문에 자칫 물리면 시간만 하염없이 흘러가게 된다. 환금성이 떨어지는 물건이라면 다른 좋은 기회를 놓칠 수 있다.

부동산 경매로 돈 벌기 쉬울까?

    부동산 하락기가 되면 부동산 경매에 대한 관심도는 높아진다. 경매는 대출, 신용카드 연체 등 채무를 갚지 못한 부동산을 채권자가 법원에 경매를 신청하고 감정평가, 입찰 과정을 거쳐 낙찰할 경우 배당을 통해 채권을 회수하는 방법이다. 여기서 채권자는 채권순위에 따라 채권을 전액 돌려받을 수도 있고 그렇지 않을 수도 있다. 만약 시세보다 감정평가액이 높다면 유찰될 것이고 시세보다 감정평가액이 낮다면 감정평가액보다 높게 낙찰될 것이다.

경매의 목적은 채권자의 채권 회수도 있지만 경매를 통해 부동산에 걸려 있는 채무를 말끔하게 말소시켜 부동산을 다시 시장에 공급하는 역할도 한다. 보통 낙찰되면 등기부등본에 있는 채무 대부분은 말소된다. 그런데 배당받지 않는 선순위임차인이 있을 경우 선순위가등기, 선순위가처분 등이 말소되지 않고 낙찰자가 오히려 인수해야 할 수 있다. 이러면 낙찰을 받더라도 추가 비용이 발생할 수 있으므로 유찰이 상당히 반복되기도 한다. 권리분석을 잘못하면 큰 손해가 발생할 수 있어 권리관계가 복잡한 물건은 특수물건이라 불린다. 소수의 고수는 이런 특수물건을 통해 틈새 시장을 노려 수익을 본다.

경매에 대한
환상은 금물

경매를 통해 시세보다 싸게 낙찰받을 수 있지만 그렇지 않고 오히려 손해를 볼 수도 있다. 경매 지식이 대단하고 아무리 날고 기는 실력자라 할지라도 낙찰을 받지 못하는 경우가 허다하다. 특히 아파트는 낙찰과 동시에 소멸하는 권리들이 태반이기 때문에 권리관계가 단순해서 입찰자가 상당히 많다. 법원에 가보면 정말 깜짝 놀란다. 내가 좋게 본 매물은 남들도 좋게 본다는 말이 실감이 난다. 이렇게 경쟁이 높으면 입찰가도 높아지기 때문에 저렴하게 낙찰받는 것은 거의 불가능하다고 보면 된다. 싸게 낙찰받아 비싸게 팔 수 있다는 경매에 대해 지나친 환상은 금물이라는 뜻이다.

저렴한 금액으로 부동산을 취득하는 경매의 매력으로 인해 많은 분이 경매 공부에 매진하고 있다. 그런데 저렴하다 생각해서 진입했는데 거기서 또 하락하는 경우도 적지 않다. 필자도 감정가 대비 반토막 난 아파트를 낙찰받은 적이 있는데 거기서 또 반토막이 난 경험이 있다. 시간이 한참 걸려 본전에 매도하긴 했지만 스트레스는 상당했다. 경매는 부동산 소유권을 이전하는 수많은 방법 중 하나일 뿐이다. 법원경매 과정에서 수반되는 낙찰, 명도 등 행정절차를 제외한다면 일반 매매와 동일하다고 볼 수 있다. 일반 매매와 마찬가지로 가격(낙찰가)이 중요한 것이 아니라 시황이 훨씬 중요하다는 뜻이다.

그 지역이 앞으로 오를 곳인지, 어떤 시점에 취득해야 하는지, 언제 팔 것인지 등 여러 고민이 선행되어야 하며 해당 물건에 대한 상품성 분석도 필수적으로 해야 한다. 소유권을 취득하는 방법과 과정에 차이가 있을 뿐 일반 매매와 동일하기 때문에 경매만 정답이 아니라는 점을 강조하고 싶다.

경매라고 해서 부동산 규제를 피할 수는 없다. 개인이 취득할 경우 주택 수에 따른 취득세 중과 기준이 동일하게 적용되며 대출 규제도 적용된다. 만약 개인이 아닌 법인이라면 취득세 12.4%를 내야 한다. 물론 DSR과 무관하게 추가 담보대출을 취급하는 곳도 있다. 그런데 경매 낙찰 후 보통 한 달 안에 잔금을 치러야 하므로, 3개월 내 전세입자를 구해 전세금으로 잔금을 칠 수 있는 일반 매매와 달리 현금이 없으면 대출을 받아야 한다. 즉 경매는 대출을 받아 법원에 잔금을 치르고 추후 전월세를 세팅한다. 이때 만약 전세 시세 이상으로 대출을 받는다면 미래의 전세입자의 전세금은 후순위가 된다. 여전히 대출이 선순위로 남아 있는 조건이라면 전세입자를 구하는 것은 쉽지 않다. 유일한 방법은 월세입자를 구하는 것인데, 추후에 또 경매를 당하더라도 월세입자가 보증금을 법적으로 보장받기 위해선 보증금 자체가 최우선변제금 수준으로 낮아야만 한다. 보증금이 낮아지면 월세가 높아지기 때문에 월세 세팅도 만만치 않다.

필자는 아파트 경매는 누구나 권리분석과 시세 분석이 가능해서 경쟁률이 높다 보니 메리트가 떨어진다고 생각한다. 하지만 상가, 공장 등 비주거용 부동산 경매의 경우 시세 파악이 어렵고 접근하기가 쉽지 않아 경쟁률이 낮기 때문에 메리트가 충분하다고 본다. 또 자기 사업을 영위할 목적으로 저렴한 금액으로 상가를 매입할 계획이라면 경매만큼 좋은 선택지는 없다.

투자에서 중요한 것은 지속 반복성이다. 경매는 아무리 많은 시간을 들여도 패찰할 수 있어 지속적으로 수익을 거두기 어려운 분야다. 경매든 일반 매매든 매입 방식보다는 앞으로 오를 부동산인지 분석하는 데 초점을 둘 필요가 있다.

공인중개사 자격증이 도움이 될까?

공인중개사 시험의
특징과 장점

필자는 2018년 제29회 공인중개사 자격증을 취득했다. 공인중개사 시험은 1차와 2차로 나뉘는데 1차 과목은 부동산학개론과 민법이고, 2차 과목은 중개사법, 공법, 공시법, 세법으로 구성되어 있다. 많은 사람이 공인중개사 자격증을 따면 실질적으로 부동산 투자에 얼마나 도움이 되는지 궁금해 한다. 시험 과목만 보면 부동산 중개와 관련이 있지 투자와는 큰 상관이 없어 보인다. 증권사 입사를 위해 따는 금융 관련 자격증이 있다고 해서 주식 투자를 잘하는 것은 아니다. 투자에 있어서는 공인중개사 자격증도 마찬가지다.

그럼 필자가 공인중개사 자격증을 취득한 이유는 무엇일까? 부동산 투자 강의를 하겠다는 구체적인 목표가 있었다. 회사를 다니면서 시간을 쪼개어 자격증 공부를 한 이유는 목표가 명확했기 때문이다. 온오프라인 강의를 하는 데 공인중개사 자격증이 상당한 도움이 되고 있다. 돌아보면 부동산 투자에도 상당한 도움이 되었다. 공인중개사 시험 범위가 전반적으로는 투자와 상관이 없으나 적어도 다음의 두 가지만큼은 확실하게 도움이 되었다.

첫째, 절대 하면 안 되는 투자가 무엇인지 알게 되었다. 2차 과목인 부동산 공법을 공부하면 주로 토지에 대해 배우게 된다. 지목, 용도지역, 용적률, 건폐율 등 공법적인 사항을 이해할 수 있어 토지 투자가 얼마나 복잡한 것이고, 또 얼마나 위험한 상품인지 알게 된다. 기획부동산 사기에 대해서 들어봤을 것이다. 그럴듯한 임야 1천 평을 평당 1만 원대에 매수한 다음 대규모 아파트가 들어서는 개발 호재가 있다며 100명에게 10평씩 평당 10만 원에 팔아치우는 방식이 바로 전형적인 기획부동산의 수법이다. 기획부동산은 이렇게 1천만 원을 투자해서 1억 원을 벌게 된다. 이 토지를 매수한 100명은 왜 당하게 되었을까? 상품을 분석할 수 있는 능력이 부족했기 때문이다. 그만큼 토지는 어려운 영역이다.

토지의 가치는 건물을 지을 수 있는지 여부에 달려 있다. 지을 수 있다면 그다음은 얼마나 높게 건축할 수 있는지, 바닥면적은 얼마나 뽑을 수 있는지가 관건이다. 그런데 당장 건물을 지을 수 없는 땅이라면 어떨까? 그 땅의 가치는 아마 제로에 수렴할 것이다. 건물을 지을 수 없는 맹지를 샀다면 가격을 깎아도 다시 팔기란 불가능에 가깝다. 공인중개사 공부를 하다 보면 도시개발사업에 대해서도 배우게 되는데 도시개발사업의 단계가 촘촘하고 길게는 수십 년까지 걸림을 알 수 있다. 이를 알면 기획부동산이 내미는 청사진이 얼마나 현실성이 없는지 알게 된다.

기획부동산 토지 사기를 예로 들었지만, 공인중개사 자격증을 공부하는 과정에서 경·공매 권리분석, 세법 등 다양한 지식을 쌓을 수 있기 때문에 리스크가 높은 투자인지 아닌지 판별할 수 있는 눈을 키울 수 있다. 돈을 버는 것도 중요하지만 잃지 않는 것은 더 중요하다.

둘째, 공인중개사 자격증은 협상에 도움이 된다. 부동산을 거래하다 보면 매도자, 매수자, 공인중개사, 세입자 중 어느 한 명에게 끌려다닐 수 있다. 큰소리를 내면서 거래에 대해 아는 척을 하며 중요한 조건임에도 생략하자고 하는 등 본인에게 유리한 방향으로 협상을 이끈다. 그렇게 불합리한 조건으로 계약을 맺으면 금전적인 손실을 볼 수도 있다. 자격증이 있으니 지식을 뽐내며 상대방보다 우위에 있음을 과시하란 뜻은 아니다. 상대방이 거래의 목적을 상실하고 본인 위주로 협상을 이끌면 그때 공인중개사 자격증이 있음을 넌지시 알리면 된다. 고압적인 태도로 압박해선 안 된다. 상대방의 기분에 따라 거래가 파투날 수도 있으니 주의가 필요하다. 거래가 파투나면 금전적, 시간적 손실이 발생하게 된다.

협상의 궁극적인 목적은 쌍방 어느 한쪽이 불리하다고 생각하지 않고 합의점을 도출해 거래를 완성하는 것이다. 내게 불리하지 않으면서도 거래가 순탄하게 흘러가는 것이 최우선 목표가 되어야 한다. 이 과정에서 최소한 상대방이 나를 애송이 취급은 하지 못하도록 공인중개사 자격증을 활용하면 된다. 호락호락하지 않다는 이미지만 심어주면 협상에서 동등한 자격을 유지할 수 있다.

이런 경우도 있었다. 팔리지 않는 골칫덩이 외곽 아파트를 갖고 있었는데 한 공인중개사가 중개보수 3배를 요구하면서 팔아주겠다고 다가왔다. 외곽이다 보니 주위에 공인중개사무소가 별로 없어 일단은 수락했다. 이후 물건이 팔린 뒤 공인중개사법을 근거로 요구받은 중개수수료를 원래대로 낮췄다. 또 한번은 매도인이 양도소득세 때문에 매도하는 것을 주저하자, 자격증이 있음을 알리고 실제 납부해야 할 양도소득세가 얼마인지 상담해주면서 협상을 유리하게 이끌어내기도 했다.

투자는 매수, 매도 버튼만 누르는 것이 전부가 아니다. 지역과 상품 분석도 중요하지만 주택 보유로 인해 달라지는 취득세, 양도세 분석부터 먼저 끝내야 한다. 공인중개사 자격증을 취득하면서 익힌 지식은 투자를 실행하는 데 있어 종합적인 판단의 근거이자 잣대가 되었다. 나의 재산은 오직 나만이 지킬 수 있다. 공인중개사 자격증 자체가 투자와 직접적인 연관이 있는 것은 아니지만, 자격증을 따면서 익힌 지식과 경험이 칼이 될 수 있고 방패가 될 수 있다.

신축 투자가 꼭 정답일까?

.

흔히 신축 아파트가 가장 먼저, 가장 크게 상승한다고 알려져 있다. 그래서 많은 사람이 아파트 청약 당첨을 노리고, 청약에 당첨되지 않더라도 분양권 전매를 통해 신축을 갖고 싶어 한다. 실제로 신축의 등락에 따라 준신축, 구축도 따라 움직이는 모습을 보인다. 그만큼 지역 부동산 시장의 최전방에서 움직이는 기준점이 바로 신축이다. 문제는 대다수가 신축을 원하지만 모두가 가질 수는 없다는 점이다. 보유한 현금, 대출 가능 정도가 다르니 대안을 찾아야만 한다.

많은 무주택자가 여전히 신축만 오를 것이고 구축은 오르지 않을 것이라는 믿음으로 인해 아무것도 하지 않고 청약만 노리고 있다. 주거용 부동산 시장이 상승장으로 접어들면 그때는 신축뿐만 아니라 모든 것이 오르게 된다. 신축, 준신축, 구축 저마다 가격 상승의 정도와 시점은 다르겠지만 상승장 때는 모두 함께 상승하기 마련이다. 무주택자의 경우 이러한 편견을 깨는 데 상당한 시간이 걸리기 때문에 부동산 투자를 시작하는 것이 어렵다는 인식이 있다.

관건은
수익률

일반적으로 한 지역 내 신축이 가장 먼저 오르는 이유는 선호도가 높고 상대적으로 쉽게 팔 수 있기 때문이다. 그럼 수익률 관점에서는 어떨까? 상승률이 비슷하다면 투자금이 적게 들어가는 물건이 수익률이 높을 것이다.

예를 들어 신축 A아파트가 매매가 10억 원, 전세가 5억 원(전세가율 50%)이라면 소요되는 투자금은 5억 원이다. 구축 B아파트가 매매가 1억 5천만 원, 전세가 1억 2천만 원(전세가율 80%)이라면 필요한 투자금은 3천만 원이다. 이때 동일하게 30% 상승한다면 A아파트의 시세차익은 3억 원, B아파트의 시세차익은 4,500만 원이다. 액수만 보면 대략 6배 차이이기 때문에 커 보이지만 A아파트의 투자금 대비 수익률은 60%(3억 원÷5억 원×100%)인 반면, B아파트의 투자금 대비 수익률은 150%(4,500만 원÷3천만 원×100%)에 달한다.

만약 보유한 투자금이 5억 원으로 동일하다면 A아파트는 한 채만 매수 가능하지만 B아파트는 16채를 매수할 수 있다. 이에 따른 수익은 7억 2천만 원(4,500만 원×16채)으로 A아파트의 수익 3억 원보다 4억 2천만 원이나 높다. 물론 양도세, 보유세를 제외한 이론상의 수치다. 만약 양도세를 고려해서 세후 수익률을 계산한다면 한 해에 모두 팔았을 경우 합산과세 방식에 따라 세율 42%가 적용된다. 누진공제 후 세금만 대략 2억 6,500만 원에 달해 수익률은 150%에서 95%로 하락한다. 그럼에도 A아파트의 수익률 60%보다는 높다. 만일 세후 수익률까지 고려한다면 공동명의를 통해 세율을 낮추고, 판매하는 연도를 달리해 분할 매도하는 전략을 택하면 된다.

한 번에 16채를 산다는 것은 물론 좀 과장된 비유다. 이렇게 극단적으로 비교한 이유는 수익률의 개념을 설명하기 위함이다. 경우에 따라서는 신축이 아닌 구축의 수익률이 오히려 높을 수 있다. 두려워하지 말고 무엇이 최선인지를 끊임없이 고민하라.

단독명의와 공동명의

투자적인 관점에서 결혼이란 제도는 장점이 많다고 생각한다. 그 이유는 바로 공동명의를 할 수 있기 때문이다. 공동명의란 부동산과 같이 분리하기 어려운 재산을 두 사람 이상이 공동으로 소유하는 것을 말한다. 많은 사람이 부동산을 취득하면서 서로를 믿지 못해서, 이혼할 때 문제가 될 것 같아서, 공직자의 경우 승진에 문제가 될 수 있어서 등 여러 이유로 단독명의를 고집한다.

이혼의 경우 너무 걱정할 필요는 없다. 법률적으로 부부가 혼인

기간 중 형성하고 유지하는 데 기여한 재산이라면 재산분할의 대상이므로 명의는 중요하지 않기 때문이다. 공직자도 걱정할 필요 없다. 다주택으로 가지 말라는 뜻이지 1주택자도 불가하단 뜻은 아니다. 다주택 보유가 인사고과에 영향을 미치는 것은 잘못된 일이다. 2020년 경기도에서 다주택을 보유한 것을 숨겼다가 걸리면서 4급 승진이 취소된 공직자가 소송을 건 사례가 있다. 대법원에서는 다주택 여부로 인사평가를 하는 것은 법령상 근거가 없다며 지방공무원법령 규정에 반하는 것이므로 허용할 수 없다는 판단이 나왔다.

다주택 보유가 인사평가 항목에 반영될 법령상 근거는 없지만 인식의 문제이기 때문에 정치적 상황에 따라 알게 모르게 불이익은 있을 수 있다. 그런데 필자가 하고 싶은 말은 공무원, 공기업 등에서 고위직 승진이라는 불확실성이 가득한 목표 때문에 본인의 재산권을 행사하는 일에 제약을 두지 말라는 것이다. 만약 고위직 승진을 염두에 두고 평생 한 채만 보유했는데 승진이 안 된다면 어떻게 할 것인가? 허비한 시간과 기회비용이 생각나지 않을 수 없다. 승진이라는 불확실성에 베팅하기보다는 당장 현재 할 수 있는 일에 집중하는 편이 낫다.

공동명의의
장점

공동명의의 장점에 대해 몇 가지를 나열해보겠다. 먼저 취득세는 본인이 취득하는 취득가액, 재산세는 본인이 보유하고 있는 재산가액 기준으로 과세되기 때문에 공동명의나 단독명의나 세금의 총합은 동일하다. 그러므로 이 부분은 공동명의에 따른 이득은 없다. 하지만 종부세는 다르다. 현재 1주택자는 공시가격 12억 원 이상 주택 보유 시 종부세를 낸다. 그런데 부부 공동명의 1주택자의 경우 인당 9억 원씩 공제를 받는다. 따라서 부부 공동명의일 경우 공시가격 18억 원 이상의 주택을 보유해야만 종부세를 낸다. 참고로 종부세는 규제지역 유무와 상관없이 3주택 이상을 다주택자로 보며, 다주택자에게는 종부세 중과세율 5%(2주택 이하 2.7%)가 적용된다.

가장 큰 장점은 양도소득세다. 양도소득세 절세는 공동명의를 해야 하는 가장 큰 이유로 볼 수 있다. 1가구 1주택의 경우 단독명의든 공동명의든 어차피 비과세 기준은 시가 12억 원으로 동일하지만 다주택자라면 이야기가 달라진다. 양도소득세는 과세표준 구간별 세율이 달라지기 때문에 양도차익이 낮을수록 세율도

양도소득세 과세표준 및 세율		
과세표준	세율	누진공제
1,400만 원 이하	6%	-
5천만 원 이하	15%	126만 원
8,800만 원 이하	24%	576만 원
1억 5천만 원 이하	35%	1,544만 원
3억 원 이하	38%	1,994만 원
5억 원 이하	40%	2,594만 원
10억 원 이하	42%	3,594만 원
10억 원 초과	45%	6,594만 원

함께 낮아진다.

만약 양도차익이 2억 원이라면 세율 38%가 적용되는 반면, 공동명의의 경우 양도차익이 부부 각각 1억 원이므로 35%가 적용된다. 그럼 공동명의자가 늘어나면 세금도 줄어들까? 그렇다. 공동명의자가 N명으로 늘어나면 전체 양도차익은 N분의 1이 되므로 세율도 작아지는 구조다.

인생을 어떻게
설계할 것인가?

'앞으로 인생을 어떻게 살 것인가?'

2004년 2월, 19세가 되던 해 아버지의 해외 주재원 발령으로 우리 가족은 중국으로 가게 되었다. 중국으로 가기 1년 전, 한국을 떠난다는 사실을 알게 된 순간부터 필자는 스스로에게 이와 같이 질문했다.

누구에게나 삶은 한 번뿐이다. 계획을 세우고 정확한 목표를 향해서 달려간다면 작은 성취를 쌓을 수 있고, 그러한 성취가 쌓여 성공을 이루면서 내 자신이 발전하게 된다. 크든 작든 성공 경험이 쌓이면 분명 큰 도움이 될 것이라고 생각했다.

학교에 다닐 때는 높은 성적을 받는 것이 목표였고, 유학생일 때는 높은 중국어 실력과 명문대 졸업장이 목표였으며, 취업준비생일 때는 대기업에 입사하는 것이 목표였다. 그런데 막상 회사에 입사하고 나서는 모든 것이 달라졌다. 그동안 능동적으로 목표를 세우고 실행에 옮겼다면 회사라는 시스템 안에서는 수동적으로 살아야 했다. 돌이켜보면 학생 신분일 때는 모두 나 자신을 위한 것이었기에 열심히 달릴 수 있었다. 내가 아닌 회사를 위한 삶은 동력이 약할 수밖에 없었다.

대기업에 들어가면 월급이 꼬박꼬박 나오니 걱정 없이 살 수 있다고 그러니 시키는 공부만 열심히 하라고 누군가 그랬다. 그러나 입사 2년 뒤 회사는 경영 위기에 봉착했고 급여 삭감과 선배들의 구조조정을 겪으면서 개인의 노력으로는 통제할 수 없고 바꿀 수 없는 상황이 있음을 깨달았다. 이를 계기로 필자는 다시 '나'를 위한 목표를 수립하고 달리기로 결심했다. 상황에 휘둘리지 않고 중심을 잡을 수 있는 힘을 갖기 위해서였다.

공인중개사 자격증 취득을 비롯해 10여 년 전부터 달성한 작은 목표들이 쌓여 오늘날에 이르렀다고 생각한다. 궁극적으로는 스스로 인생을 설계하고 제어할 수 있는 힘을 얻었다. 이제는 누군가에게 지시받고 움직이는 것이 아닌 개인으로서 유리한 선택을 내리고 나 자신과 가족을 위한 삶을 살고 있다.

수년 전 업무를 동료에게 인수인계한 적이 있다. 그때 목표가 담긴 메모장 파일도 포함되어 있었다고 한다. 그런 메모를 했던 기억조차 잊어버리고 살았는데 어느 날 그분이 메모를 보여주며 목표를 이뤘냐고 물었다. 그 순간 지금까지 살아온 길이, 인고의 노력이 머릿속을 스쳐지나갔다. 공인중개사 자격증 취득하기, 경매 ○○건 낙찰받기, 법무사 사무실에서 일하는 경매 전문가 되기 등 메모장에 적혀 있던 모든 목표를 이룬 것은 아니지만 방향은 크게 벗어나지 않았다.

너무 개인의 성장에 치중하다 보면 회사 일에 소홀해질 수 있었지만 그러고 싶지는 않았다. 회사에서도 업무적으로 성장하기 위해 끊임없이 노력했고 나름 인정도 받았다. 핵심인재에 선정되고, 각종 교육을 이수받고, 팀장 보임까지 얻었다. 좋은 회사원으로 성장하는 삶을 살며 동시에 퇴근 후 매일 유튜브 라이브 방송을 하고 블로그 칼럼을 쓰는 등 '주슨생'이라는 부캐의 삶에도 충실했다. 24시간이 부족할 정도로 바쁘게 산 결과, 지금은 직장을 떠나 내가 잘할 수 있고 좋아하는 일을 할 수 있게 되었다. 아마 육아와 가정에 헌신적인 아내의 내조가 없었다면 오늘의 결실은 이루지 못했을 것이다.

끝으로 내조의 여왕인 사랑하는 아내와 어리지만 속 깊은 우리 딸에게 감사 인사를 전하고 싶다. 그리고 무엇이든 꾸준하게 할 수 있도록 아낌없이 지지해주신 양가 부모님께도 감사의 인사를 드린다.

지방 아파트 투자지도

초판 1쇄 발행 2024년 9월 20일

지은이 | 주슨생(주용한)
펴낸곳 | 원앤원북스
펴낸이 | 오운영
경영총괄 | 박종명
편집 | 이광민 최윤정 김형욱
디자인 | 윤지예 이영재
마케팅 | 문준영 이지은 박미애
디지털콘텐츠 | 안태정
등록번호 | 제2018-000146호(2018년 1월 23일)
주소 | 04091 서울시 마포구 토정로 222 한국출판콘텐츠센터 319호(신수동)
전화 | (02)719-7735   팩스 | (02)719-7736
이메일 | onobooks2018@naver.com   블로그 | blog.naver.com/onobooks2018
값 | 21,000원
ISBN 979-11-7043-572-3 03320